吉野敬介
Yoshino Keisuke

今日から始める

「やる気」勉強法

安河内哲也
Yasukohchi Tetsuya

KKロングセラーズ

まえがき

勉強法が成功するかどうかは「やる気」で決まります。

英語には「馬を水場に連れて行くことはできても、水を飲ませることはできない」という諺がありますが、結局「やる気」を起こすことができなければ、どんな科学的方法論も無意味なのかもしれません。

この本の著者である私たち二人の四十男は、二〇年近くもの間、予備校業界の暴れ馬として、時には皆さんに迷惑をかけたり、時には喜んでいただいたりと、同い年のライバルとして、やたらと目立つ仕事をしてきました。

髪型も趣味も全く違う、私たち二人は、時にハチャメチャなことを述べて皆さんをビックリさせることもあるかもしれませんが、ハッキリ言って「やる気」と「パワー」だけは誰にも負けません。

本書では、ヒトの「やる気」はどうすれば出てくるのか、どのような考え方をすれば、仕事や勉強を成功させる「パワー」がわき起こってくるのかを、二人が互いの原稿を途中で見せ合うことをあえてせずに、二つの視点から別々に、言いたい放題に論じました。「やる気」を爆発させるためのヒントを、この扉の向こうにさっそく探してください。

第1章　何のために勉強しなければいけないのか

第2章　勉強とは投資、やればやるだけ返ってくる

第3章 「やる気」を出すということ

死ぬ気でやってみろ

第4章 頭のいい人、悪い人のやり方

第5章 私のすすめる「やる気勉強法」

第6章　挫折は成功のためのステップ

第7章 成功をつかむために

第1章

何のために勉強しなければいけないのか

何のために勉強するのか

漠然とした目標でいいから、それに向かって全力投球だ

ほとんどの人は、普通に生まれて育っている。オレの場合も普通のサラリーマンの息子だった。だが、オレが一四歳のとき仲の良かった弟が事故死したことにより、何かが変わった。自分自身も不良でどうしようもないところまで落ちていた。

世の中はバブルなんて言われていたけど、オレは高校卒業後、中古車屋に就職し毎日車にワックスをかけていた。

全然バブルじゃなかった。当時、オレはその先輩でもある中古車屋の社長に憧れて、オレもこんなふうに成り上がりたいと思った。

女にフラれて大学受験を目指してからは、代ゼミのある先生と知り合った。

その先生は赤坂に住んでいて、オレにうまいものをたくさん食わせてくれた。また、オレは、その先生のようになりたいと心底思った。

今でも覚えているが、二〇歳で大学に受かったとき、その先生はドリアが三千円もする店にオレを連れて行き、「ごちそうするよ」と言ってくれた。ドリアとビーフシチュー、どっちも三千円。「何でこんなに高いんだろ。さぞかしうまいんだろうな」と、どっちがいいかと悩んでいると、先生は言った。

「食うもの決まったか」

「いや、まだです。ドリアとビーフシチュー、どっちにしようか悩んでます」

「じゃあ、ビーフシチューをおかずにして、ドリア食えばいいじゃん」

オレはその先生の言葉にしびれたね。そのときに思った。

オレは絶対、先生のようになるんだと。でも、オレはその先生がいたから、うまいものを食えたわけよ。自分でカネを出しては、そんなものを食えなかった。そのとき、大学四年間で何かを見つけて、それを身につけ、自分のカネで食えるようになろうと決心した。

若いころからハングリー的な精神があったから、ここまで来られたと思う。

だから、漠然とでもいいから目標を持つことは大事だろう。それに向かって全力投球するんだ。何でもいい。金持ちになりたいでもいい。

オレの場合、若いうちにベンツに乗るという目標があった。今はもうそんなことはしないが、二四歳で予備校講師になって、お金を稼いだとき、本当にうまいのかとロマネ・コンティやドンペリなんかをラッパ飲みしたこともあった。そのとき、オレは成り上がったなあ、今日からビンボーじゃねえ、と思ったね。

でも、今から考えると、「何であんなことしたのかなあ」って笑っちゃう。

世の中はカネじゃないけど、カネを稼ぐ努力も必要なんだよ。

お金を目標に勉強するのも一つの方法だ！

奇麗ごとではなく、世の中にお金が欲しくない人はいないと思います。それは人間の一つの欲求なのですから、一生懸命、努力しているのに、お金はいりませんと言うこともないと思います。逆にそれを頑張るための目標にしてしまえばよいのです。

私自身、大学を卒業したときがバブルの真っ只中でしたから、一流企業への就職もできたのに、「なぜ予備校講師になったのですか」とよく聞かれます。実はその当時の予備校講師という職業には、二〇代で年収一千万、二千万稼げるという経済的成功の夢があったからです。

学生時代、学校に高級車で来る同級生を横目に見ながら、お風呂の水もまともに流れないいようなボロいアパートで、何で自分だけこんなに貧乏なんだろうと思っていました。学校が終わってから毎日、家庭教師で小銭を稼いでいましたが、あるとき隅田川沿いを歩いていて高速道路を見上げ、中央環状線の上を気持ち良さそうに走っていく車たちを見たとき、思ったのです。

「あそこに上ってやる」

自分は教えることなら負けない自信がある。一流企業に就職したって、手取りで十数万円。三〇歳、四〇歳となれば年収も少しは増えるかもしれないけど、勝負をかけるならこの仕事しかない。結果、周りの反対を押し切って予備校講師、つまり究極のフリーターになったわけです。

中国の学生に、なぜ英語を勉強するか問うと、I study English to make money.と答えるそうです。でも、日本の学生に同じ質問をしても、すぐには答えられない。中には異文化を理解したい、日本文化を紹介したい、と立派な答えが返ってきますが、実用学問である英語を学ぶ理由として、中国の人と同様に「より多くの収入を得るため」という答えが混じっている方がむしろ正直で健全かもしれません。

お金に対してハングリーであったり、自己顕示欲が強いと、日本では何か悪いことのように言われることが多いのですが、カネが欲しい、カッコ良く見られたいというのは人間の基本的な欲求です。それに逆らわないでつきすすむのも正直でいいじゃないですか。

能ある鷹は爪を隠すと言いますが、誰にも認められないのに、自分の中だけで能力を高めても仕方ありません。

爪は使って初めて価値を持つ。爪を獲得すれば金銭が得られる、という欲望に忠実になることも、勉強する動機付けには必要なのです。

指標に向けてめちゃくちゃ努力する方が、若い時期をムダに過ごすよりいいじゃないですか。

ただし、私の経験から老婆心ながらアドバイスしておくと、お金はそれ自体だけを追い求めるようなやり方では、なかなか手に入らず逃げていきます。女性や成績と同じで、一生懸命追いかければ追いかけるほど逃げていくわけです。

将来のお金を手に入れるためには、とにかく自分の能力を高めることです。今の自分に、ある程度の金銭的、時間的投資、さらに努力という自己投資をしなければ、リターンは得られません。

悪いことをするのは論外として、まっとうな方法でお金を稼ごうとするならば、勉強してその能力を高め、周りの人に喜んでもらえるような仕事をすることを第一に考えるべきです。

勉強することで得られるもの

ナンバーワンを守るため、そして生き様を知ってもらうため

自慢ではないが、二四歳で年収三千万を越えた予備校講師というのはオレ以外いない。しかも、代ゼミで一六年間トップに君臨し続けたというのも、他にいない。ただ、オレは何にもしないでそうなったわけではない。

少なくとも、これを読んでいる人より、オレの方が苦労してきているんだ。

チャンピオンベルトを守るというのは生半可なことではない。毎年のように、オレがいるというのに、代ゼミが他の予備校の古文のトップ講師を引き抜いて、オレよりもいいクラスを持たせる。これと似たようなことを、名前は言えないがオレの親友で、別の予備校で働く英語のY先生も言っていた。

くどいようだが、トップ講師のオレがいるというのにだ。

オレは経営陣に恨まれることでもしたかなと思ったが、何もしていない。と言うか、経営陣と仲がいい。ただ、よそからトップの講師を連れて来られれば、オレは焦るよね。

でも何としてでも、その先生が代ゼミに来た以上、新しく入って来た先生がいいクラスを持とうと、悪口を言われようと、潰れることができないわけ。その先生に一番をゆずることはできない。

オレも周囲から足を引っ張ろうと、いろいろ言われたことはあるが、そのようなヤツは勝手に落ちていく。

ならば、ナンバーワンの道を守るのはただ一つ、去年の一〇倍頑張るしかないのだ。オレは全部の授業を一生懸命やっている。

お陰で、ナンバーワンの座を守り続けることができた。

だけど、これだけは忘れてはいけないのが、チャンピオンベルトを守ったのはオレだが、それは教務課やその他の協力があったことは感謝しなくてはいけない。覚えておけ。競争がないところには、カネなんか生まれないよ。オレの授業を受けてもらうということは、オレの生き様を知ってもらうということと同じことなんだ。オレが今までやってきたこと、これがオレのすべてだと知ってもらうことなんだ、とオレは思っている。

オレは四〇歳にもなって、他人に何のインパクトも影響も与えられない人生なんて、生きている価値がないと思っている。オレの授業を聞いた生徒たちから、

「先生の影響を受けて、古文の先生になりたいと思います」

と言われるときはうれしい。

また、たまたま銀行などに行くと、そこで勤務している教え子によく会ったりする。

「吉野先生ですよね。先生にあのとき、勉強以外の運をもらいましたよ。お陰で同期の中で一番出世してます」

なんて言われると、うれしい。そういうときが、一番うれしいなと思う。

お金があれば幸せなのだろうか

お金があれば幸せなのでしょうか。これにはいろいろな考え方があるとは思います。私なりの結論としては、お金はとても役に立つ道具ではあるけれど、お金イコール幸せというのではないように思えます。ただ、お金はないよりもあった方がいいのは確かです。年収を上げるということを目標にして仕事や勉強をするのもいいと思います。

私のように、時給に惹かれて予備校業界に入った講師も多いとは思いますが、金のためだけに教えるというようなスタンスでは一年と持ちません。

九〇分間、テレビ画面だろうが教室だろうが、何百人という生徒の目にさらされ、それが一年間も続きます。彼らが見ている時間数はどんな芸能人よりも多くなってしまうのです。ちょっとした動作から、発言から、その講師の人間性がすべて出てしまいます。生徒たちは感受性が強いので、どんなに取り繕っても、すぐに化けの皮は、はがれてしまうのです。

そういう意味では、教壇で教えるということは、人間VS人間の魂のバトルなのです。表面だけ取り繕って、金のためだけに教えるなんてことは生徒の皆さんが許してくれるはずはありません。

もちろん私たちも生活のために働いていますから、教えた結果、生徒の人生を好転させた報酬ならありがたくいただきます。

だからこそ、努力もせずに合格できるとか、暗記せずに英語ができるようになるだとか、無責任なことは口にはできないのです。

自分の存在が誰かの役に立つという幸せ

幸せとは何でしょうか。頭が良ければ、学力があれば幸せというわけでもないと思います。誰からも悪口を言われず、好かれていれば幸せというわけでもありません。四〇年間生きてきて、私なりに行きついた答えは、いろいろな人を助けて、喜んでもらえるということです。自分が誰かの役に立っている、と思えることが一番幸せだと思います。

私がこの仕事を続けていて、一番うれしいのは、すごくできなかった生徒から「先生のお陰で成績が上がりました」、と言ってもらえることや、そういう生徒が持って来てくれる一本のジュースであったりします。

たしかにこの世界に入ったきっかけは、「高時給に惹かれて」というものだったけれど、それだけでは仕事は二年と続きません。

自分が毎日一生懸命やっていることが誰かの役に立っている、という確かな実感こそが大切なのです。年金をもらって好きなことだけやって悠々自適、というのが本当の幸せかというと、私にはそうは思えません。多くの人が、リタイアしてもボランティアなどで社会とのつながりを求めているのはそのような理由からだと思います。

社会との接点の中で、誰かの役に立っていると実感できることが、人間の根源的な喜びだと思います。誰の役にも立たず、たった一人で生きているなんて、こんなに寂しいことはありません。

その逆に、自分が存在したことで、誰かが楽しい人生を送るきっかけになるなんて、素晴らしいことではありませんか。

私たちはきっとその実感を得るために、「勉強」や「仕事」を一生懸命頑張らなければならないのだと思います。

この本を読み、一〇人でも二〇人でも、勉強の価値を知り、自分を変えることができる人が出てきたら、著者の一人としてこれほどうれしいことはありません。

努力すれば必ず成果は出る

世の中にはいろいろな生き方があることを学べる

目標というのは身の丈に合っていないとダメだとつくづく思う。目標に向かって地味な努力というのが実は一番尊くて、大事なんだ。

オレたちの仕事は、生徒たちの勢いを膨らますことではあるけれど、それより大事なのは生徒の努力だと思うし、結局、努力にはかなうものはない。

自分とは違うもの、自分にはないもの、自分の価値観と対立するもの、そんなものに出会うことも、若い時期には必要なことだと、オレは考える。

特に受験勉強をしなくちゃいけない年代は、もっとも遊びたい時期であり、自分がどうしたらいいのかわからない時期であり、誘惑に負けてしまう時期である。

でも、受験勉強をやっておくほうが、絶対にいいよ。なぜなら、世の中にはいろいろな生き方があるということも学べるいい機会だから。それぞれ面白い個性を持っているヤツがいっぱいいる。

オレが受験勉強をやってよかったと思うのは、不良時代には外の世界だと思っていた人たちに出会えたことだった。そんな中で、オレはいい友人にたくさん出会えた。そして、古文という世界の面白さも知ることもできた。

くだらない受験勉強だが、そこで全力を尽くせば、自分が狭い世界にいたことがわかってくる。受験勉強なんて、終わってみればたいしたことのないものだということにも気付けるだろう。真剣にやればそれだけ、いい出会いもある。

「こんな生き方もあるのか」ということがわかってもらえれば、オレはそれだけでいいんだ。人生の一時期に、こんなヤツと出会ってよかったと、感じてもらえればそれでいい。

努力をすれば努力をする人が集まってくる

結局、どんな分野でも努力しないで楽をしてうまくいく方法はないのです。そんなおいしい話は、詐欺商法のパンフレットの中だけにしか存在しないのです。

「この本を読むだけで簡単に頭が良くなる」「このクッキーを食べれば記憶力が身に付く」とか、そういう思いで解決策を探しても、残念ながら何も起こりません。

我々ができるのは、努力したら成果が出るように指導することだけです。世の中に努力しないで成果の出ることなんてありません。

不思議なことに、目の前に頑張っている人がいて、自分に手伝ってあげられる能力があれば、お節介とは思いつつもついつい手伝ってあげたくなります。

一方で、ものすごく他力本願な人を助けてあげようとはあまり思えません。

頑張っている人のところには、頑張る人が集まってきます。逆に頑張らない人のところには、頑張らない人が集まってきます。

「環境とは自分で作るもの」です。業界や年齢を問わず、自分の周りに「頑張る人のポジティブネットワーク」を作っていきましょう。

このネットワークに入るためのパスポートはただ一つ、「自分が頑張ること」です。

第2章

勉強とは投資、やればやるだけ返ってくる

安河内

●勉強とは工夫の限りを尽くして結果を出すこと

勉強を成功させるためにはもちろん「やる気」が大変重要ではありますが、勉強はただやみくもに頑張るだけではダメです。いくらやる気があって長い時間机に向かって坐っていても、実力がつかなければその努力はムダと言えるでしょう。

勉強では、何時間やったのかということよりも、一時間でどれだけのことを学べたかということが大事なのです。

「勉強する」は韓国語で「コンブハダ」と言いますが、ハダは「する」という意味、「コンプ」は「工夫」という意味です。

韓国語ではこのように「勉強」＝「工夫」ですが、私も「勉強」とは、ただ端から見て「頑張っている」ように見えることではなく、工夫の限りを尽くして結果を出すことではないかと思います。

よく「部活や仕事で忙しくて勉強できない」と言う人もいますが、短い時間でも工夫すればたくさん勉強できます。

一時間は、「一時間しかない」と考えていると、いつまでもはかどらないままです。

安河内

しかし「一時間でどのように工夫してすべてを終えるか」ということを考えて工夫と改善を続ければ、皆さんは短時間で多くのことをこなすことができるようになります。

トイレに入っているときに何をしているのか？　朝起きてからメシを食うまで何をしているのか？　と振り返ってみると、どんなに時間がないと思いこんでいる人の毎日にでも、まだまだ勉強する時間は残されていることに気付くと思います。

社会人で仕事が忙しい、特に二〇代や三〇代の皆さんは、よく「時間がない」とこぼしますが、それでも、移動中の時間や休憩の時間、休日が全くないわけではないでしょう。

たぶん「忙しいから無理だ」と言うのが口癖になってしまうと、時間があるはずの老後が訪れても、「今日は芝生の手入れで一日中忙しいから」とか「今日は蚊取り線香を買いに行かなければならないので、勉強はできない」となってしまうでしょう。

忙しい人は、「何時間勉強する」という無理なノルマを設定する必要はありません。大切なのは、「時間」ではなく「スピードと量」なのです。

●すべての行動に目的意識を持て！

勉強ができるようになるためには、何をするのにも目的意識を持たないとダメです。たとえば、遊びに行くのにも、何のためなのか、ということを考える。この人と遊ぶのはお互いの向上心の刺激になり、成功につながる、と思って遊ぶ。おいしいフランス料理を食べるときも、ただ食べるのではなく、これを食べることによって、心が和んで次の日も仕事が頑張れる、と考える。

私の場合は、街を歩くときにも、何か仕事に生かせるものはないかと探しながら歩いています。電器屋に行っても、この機械は何か授業に生かせないものか、家でテレビを見ているときにも、このネタを何か授業に使えないか、このアングルで撮ると面白いなとか、常に仕事に結びつけて考えるようにしています。

アメリカの億万長者は、「トイレに行くのにも目的を持て」と言ったそうです。やはり、成功する人はすべての行動に目的意識を持っているということです。

一日の行動をすべてリスト化すると、人間は意外と無目的な行動をしているものです。テレビをダラッと見ている、パチンコをしているなどなどです。

安河内

勉強ができるようになるためには……

- 短時間で多くのことをこなす能力を磨こう
- 一日の行動をリスト化してみよう
- 一日の中から無目的な行動をカットすれば時間を一気に増やせる
- 何をするにも目的意識を持とう

「トイレに行くにも目的を持て」
アメリカ億万長者の言葉

もちろん、たまにであればこれらの行動も息抜きとしての目的を持つのでしょうが、毎日のようにこんなことをしているのは、時間のムダ以外の何ものでもありません。

一日の行動の中から無目的な行動をカットし、ダイエットすれば、時間を一気に増やすことができます。

●自分の能力を高める買い物には糸目をつけるな！

私は高級ブランド品などには全くと言ってもいいほど興味がありません。ただ、自分の能力を高めるものにはすごく執着するし、そのためには金に糸目はつけません。

スクールに一〇万円払うと言うと、すごく高いものだと感じてしまいますが、一〇万円はちょっと油断して毎日飲み歩いていると、意外に早くなくなってしまうものです。

このような遊び代を少し我慢してでも、勉強にお金を回す習慣を付けるのが良いと思います。

大学生の皆さんと話をするとき、大学生のうちは年に三回は資格試験を受け、年に一回は海外旅行をするようにとアドバイスします。

そうすると、彼らからよく「お金がないんです」という反応が返ってきます。

このときに私は、大変な違和感を感じてしまいます。彼らはみんな立派でおしゃれな高そうな洋服を着ているし、髪型などのおしゃれにもお金をかけている。アルバイトで稼いだお金でカラオケボックスなどでも遊んでいる。

資格試験の受験料など、一回数千円程度です。海外旅行も安くなり、アジアの国々であれば数万円あれば訪れることができます。ちょっとアルバイトの給料を回せば、一生残る経験を買うことができるのです。

〝ゆとり教育〟の弊害なのかもしれませんが、今は勉強にかける時間やお金がもっ

安河内

たいないという風潮があります。将来の「ゆとり」や「豊かさ」を求めるのであれば、この考え方をぶちこわす必要があります。

若いときに〝ゆとり〟に執着し勉強や経験に投資していないと、四〇代を会社の言うがままにこき使われて過ごす、という結果になりかねません。

一方で、若いときに能力を身に付けた人は逆にリーダーとなって舵取りをしたり、自立して事業を営んだりする立場になっていることが多いでしょうから、精神的、時間的ゆとりを享受することができるわけです。

この本を読んでくれている二〇代の皆さんに、強くアドバイスしたいのですが、とにかく二〇代は勉強する時期です。

まだ貯蓄はしなくていい。稼いだお金は全部「勉強銀行」にぶちこむ。

三〇、四〇代になると、間違いなくそのお金はすべてあなたのところに戻ってきます。

●勉強ほど確実な投資はない

勉強にかけるお金をもったいないと思っている人が多いのは本当に残念な傾向です。

大学の入学祝いで大型バイクを買ったとか、ブランドのバッグを買ったとかいう話をしばしば耳にしますが、大学には勉強するために行くわけですから、そんなものは一切必要ないはずです。

教材や研修旅行など、お金を使うべき先は、もっとたくさんあるはずです。

大学生や受験生は、洋服など清潔で端正なものであれば、高級ブランドである必要などありません。車もいりません。自転車で十分です。ご飯も栄養が十分ならばそれで十分です。

二〇代までは、持っているお金は優先的に勉強に使う習慣を身に付けなければなりません。

これは貯金のようなもので、絶対にムダにはならないのです。特に若いうちは、持っているお金の大半は自分に投資することをお勧めします。

遊び方を選択するときも、ただ単に楽しいだけのものではなく、楽しいと同時に自分の経験教育になるようなものを選択するとよいでしょう。

同じ二〇万円をかけて遊ぶにしても、スナックで豪遊するよりは、海外の変わった国に行って面白い経験をする方が、一生残るプラスの経験となります。

勉強や経験に投資したお金は必ず回収できます。投資信託より、為替より、株よ

安河内

り、金より、勉強ほど確実な投資はありません。利子が必ずついて戻ってきます。

そもそも、お金というのは頼りになるようで頼りになりません。インフレ、デフレ、株安、大恐慌、持っていたら持っているで、いろいろと心配になるものなのです。

しかし、自分の能力を高めておけば、それは決して値下がりすることはありません。勉強している時間は、「将来サクセス銀行」に高利子の貯金をしているようなものです。

今日から「勉強している時間はムダな時間、遊んでいる時間は価値のある時間」という発想を逆転させて、「勉強しないと時間がもったいない！」と考えましょう。

●生まれつき頭のいい人なんていない

人間という生物の能力の多くは、後天的要因によって形成されると言われています。たとえば、ビーバーはダムが作れるから頭がいいな、と思うかもしれませんが、あれは頭が良くてダムを作っているわけではなく、ＤＮＡに組み込まれている本能的な行動としてそうしているわけです。新環境に適応するなどの臨機応変な対応はできません。

一方で人間は、生まれた後に後天的に獲得する能力の割合が動物に比べて格段に大きいのだそうです。このことが人間の驚くべき環境適応能力を生んでいるわけです。旧石器時代の人類は、体を鍛え狩猟・採集の能力を磨くことで、環境に適応しました。原始時代に人類に求められた能力は、体の丈夫さや狩猟・採集の技術でした。

さて、二一世紀にこの超先進国家、日本で過ごす私たちが、環境に適応し生き残るために、最も必要な力は何でしょうか。ネットの世界を洪水のように流れる情報を、個人が自由に操れるこの情報化社会に、最も鍛えるべき体の部分はどこでしょうか。

もちろん「腹筋」ではありません。「頭脳」です。

二〇世紀までは、「元気で良い子に育てばそれでいい」と言うのが子育ての合い言葉でした。しかし、インターネットという諸刃の剣が誰もに手渡され、情報過多による精神障害が社会問題となっているこの時代には、「元気で良い子に育てばそれでいい」では、子供たちがこの恐ろしい情報錯綜時代の犠牲になってしまうかもしれません。元気で良い子に育つだけではまだ不充分なのです。

二一世紀は「知恵と情報の世紀」だと言えるでしょう。この時代を生き抜く力を身につけるには「元気で良い子で、情報を取捨選択し使いこなす知恵さえ身に付け

安河内

ばそれでいい」と合い言葉を改める必要があるかもしれません。

幸か不幸か、情報が解き放たれ、私たちが利便性を獲得した見返りとして、子育てのハードルも幸せに生きていくためのハードルも上がってしまったように思われます。

難しいことはさておき、二一世紀には間違いなく、「知恵」を磨けば磨くほど人生は面白くなります。「勉強」が将来の幸せと直結するのであれば、ますますやる気が出るというものです。

●学歴は「遺伝」するのか？

「学歴遺伝」という言葉を聞いたことがあるでしょうか。これは、統計的に学歴が高い家の子供は学歴が高くなるという現象を言っています。確かに、私たちの周りを見渡してみるとこの現象は顕著です。これは本当に「遺伝」なのでしょうか。

人間のＤＮＡは動物に比べると、先天的に決定されている部分はきわめて少なく、多くの行動パターンや思考パターンは後天的要素によって決定されるそうです。と言うことは、子供が親の「遺伝情報」を受け継いで頭が良くなって高学歴になるということではないのです。

例えば、ヒトラーのクローン人間を作ったとしても、育つ環境によっては大変な善人になるでしょうし、学校を全く卒業していない人のクローン人間も、英才教育を施せば東大やハーバード大学に合格できるかもしれません。

このように人間の能力の大部分はもともと決まっているものではなくて、生まれた後の環境によって決定されるのです。それではなぜ学歴遺伝という現象が起こってしまうのでしょうか。

一般的に高学歴な家庭には、勉強にお金と時間をかける文化があります。親は自分の学歴や所得が、若い頃の勉強と努力によって得られたものだということを、身にしみて知っているので、国が何と言おうと、子供の能力を高めるために小さなときから勉強と努力の価値を子供の心に植え付けます。また、単なる享楽より、経験教育に投資する傾向があります。

また、子供は親に習う傾向がありますから、親が普段勉強する姿を見せていると、子供も、無意識にそれに習う傾向があります。逆に親が勉強せずに遊んでばかりいると、子供もそれに習ってしまいます。

もちろん高学歴な家庭は教育費を惜しみません。教育費は一時的には消えて行く

安河内

お金なのでもったいないように感じるかもしれませんが、実はこれは次の代へと相続税のかからない遺産を残しているのと同じことなのです。このような家庭ではやはり、教育に投資する額は「将来への貯金」と考えられています。

結局、学歴は「遺伝」しないのです。「遺伝」ではなく「環境」が勝負なのです。子供が自主的に勉強できる環境を整備することで、親の学歴に関係なく子供を伸ばすことができるのです。

また、極論すると「親がどうだから」「家庭がどうだから」と言うのも関係ありません。このことに気づいたならば、このような環境を自分の手で作り出せばよいわけですから。

話はそれますが、子供には「財産」だけではなく「財産を作り管理する能力」を徹底的に教育して残すのが得策のようです。財産のみ相続した子供が、一代ですべてをフイにしてしまう事例がたくさんあるそうです。

●大きな壁が立ちはだかったとき、逃げるのか、立ち向かうのか

これから大学に行く皆さんに強く言いたいのですが、大学での四年間でスタート

ダッシュをかければ、社会に出たときに完全に周りを引き離しているのです。

外国と違って日本では、なぜか大学というのは空白期間、何もしないことが正当化されているようなケースが多くなっています。

どんなに素晴らしい大学を卒業したところで、学歴は個人を計るたくさんある指標の中の一つに過ぎず、結局ものを言うのはその人の実力です。

皆さんが営業マンになった場合、一番大切なのはお客様を魅了する豊富な知識であり、人の心理を見抜く鋭い洞察力であったりするわけで、「○○大学を卒業した」と言うのは、いくつもの持ちネタの一つに過ぎないということです。

このように、学歴を過度に気にするなという話をすると、やっぱり大学受験なんて意味ないじゃないか、と勘違いする人がいますが、そうではありません。

大学受験自体にも大きな意味があります。受験勉強は誰でも苦しくて辛い。ただ、それは自分の能力を伸ばす絶好のチャンスだということを忘れてはいけません。

今はとくに〝ゆとり教育〟のせいで、「まぁ、そんなに勉強しなくてもいいじゃないか」という感じで子供たちは頑張りすぎないように、無理をしないように過ごしています。それが大学受験で、初めて全国規模でシャッフルされ、競争社会に放り込まれるわけです。

安河内

今では、楽をしても入れる大学はたくさんありますから、高きを目指すことなく流れに身を任せて適当に進学するという選択肢もあります。

私は、ここで楽な方に進むか、高い壁を越えようと挑戦するかどうかということは、若い皆さんにとって大変重要な選択だと思っています。

目の前に大きな壁が立ちはだかったとき、逃げるのか、立ち向かうのか、どちらを選ぶかという選択で、立ち向かうことを選ぶ癖をつける大事な機会なのです。

限界値を高めようと努力する力、あきらめず最後まで努力する力、このような、社会に出てからも大変重要な力を、感受性豊かな若い時期に鍛えることに大きな意味があります。

●大学教育とは人生で二番目に高い買物である

ここまでの話を「大学などどこでもよい」「どの大学に行くかは関係ない」とは考えないでください。確かに学歴は一つの指標に過ぎず、それが低いからと言って気に病む必要などありませんが、その指標が高くて損をすることは絶対にありません。

まったく名前を知らない大学を出ている人と、東大を出ている人で評価が同じだ、と言ってしまうとやはりウソになるでしょう。もし、通行人一〇〇人にアンケートをとってみて、東大と無名大学のどっちに行きたいですか、と聞いたらほとんどの人が東大と答えるはずです。

人間を計る物差しにはいろいろなものがあります。野球が上手な人、算数のできる人、コミュニケーションのうまい人、そんな指標の一つとして「学歴」というものがあるのです。

難関大学に合格しているということだけで、その人のすべてを計ることは絶対にできませんが、ある特定の科目に関しては高校上級レベルの学力がある、短期間で集中的に仕事をするポテンシャルがある、くらいのことは予測できます。

レストランが評価されるのは、味だけではありません。五角形のバランスシートのようなもので言えば、味、サービス、雰囲気、衛生面、値段などが揃い、五角形の面積が大きくなって初めてレストランとして評価されます。

人間も同じで、学歴一つだけが高くてもダメ。五角形の面積は稼げません。総合的に面積が大きいかどうかが大事なのです。ただ、「学歴」も決してあなどることはできないわけです。

一般的に人の一生で最も高い買物は家、二番目は生命保険だと言われます。死ぬ

安河内

まで払う掛け金のことを考えたら、かなりの額になりますから。

でも、実は二番目は学校教育ではないでしょうか。ほとんどの人が自分で払うことがなく、親が払っているので高いという実感がありませんが、一人の子供が大学を卒業するまでに一千万円以上のお金がかかるのです。

最も高いのが大学教育です。大学卒業までには、少なく見積もっても何だかんだと四年間で五〇〇万円はかかるでしょう。教授や図書館が充実したあの難関大学も五〇〇万円、学生に覇気がないという噂の、入りやすいあの大学も五〇〇万円なら、一年の努力で何とか難関大学に行ってやるというくらいの欲を持ってください。

もし、レクサスもミラも同じ五〇〇万円だとしたら、やはりレクサスを欲しいと思うのが当然でしょう。

全員に同じチャンスがあるのだから、上を目指すのは当然のことです。

私も仕事柄、いろいろな人と出会いますが、その中でやはり「戻れるなら、もう一度勉強したい」と言う人に本当によく出会います。「もっと遊びたい」と言う人はほとんどいません。

若いうちは勉強の意味がわからないかもしれませんが、勉強は人生を通じて本当に意味があることです。若く、元気と可能性があるのだから、学歴という指標を否定するのではなく、目標としてうまく利用すればいいではないですか。

人生では嫌なことや、理不尽なことをやらなくてはいけない局面に、たくさん遭遇することもあるでしょう。「受験が嫌」、「大学が意味ない」、と逃げる高校生はたくさんいます。

努力をしたくない、という本音を隠し、学歴なんか関係ないという評論家の言葉を借りることだけはしてはいけません。

壁を前にして、受験勉強がきつくて逃げるための口実として学歴否定論を借りてしまえば、これからも嫌なことは何とか理由をつけて逃げようとするクセがついてしまう可能性があります。

「学歴なんて関係ない」という言葉は、大学受験が終わるまで禁句にしておきましょう。

吉野

吉野

■他人に頼らず自分の頭で考える

デキる人になりたければ、人に頼らないで自分の頭で考えなければダメだ。たとえ答えが間違ったとしても、それなりに得るものがある。

自分なりに考えるということは、結果よりも自分で考えたその過程が大事なのだ。結果が良ければ自信となる。自信が付けば、もっと自分の力を試したくなるものだ。

ところが、最近、自分のことであっても、何一つ自分で考えて自分で決めることができないヤツが増えている。本当に生きる力がないと痛切に感じている。

自分の頭で考えて整理をつけるクセをつけてこなかったヤツは、すぐに見抜ける。集中的に一つのことを自分で考えること、整理することに耐えられないんだ。それにかける時間があまりにも短い。飽きっぽい。それだけの習慣をつけてこなかったんだ。

ヤツらは、わからないことに出くわすと、一〇秒考えて「わかりません」、一分考えて「解けません」と言う。それでは、永遠にデキる人にはなれない。そんなヤツは、納得できるまでとことん考えるということを、一度でもやってみるしかない。

一回でもいいから、徹夜をしてでも、たった一つの問題についてとことん考えてみることだ。

やってみれば、自分で考えるのがどういうことかが、少しはわかってくるはずだ。おまえもオレも天才ではないんだから、ヤルしかない。ヤルことが自信になる。

試験というのは、受かるか落ちるか、二つに一つの世界だ。でも、人生はそうじゃない。そんなに簡単に割り切れるもんじゃない。簡単に境界線が引ける試験なんて、人生にくらべたら、はるかに薄っぺらなものだ。また、試験の勉強は面白いものじゃない。

だから、試験なんてくだらないものは、さっさと切り上げて、もっと面白い世界、楽しい世界へと飛び込もうじゃないか。くだらないからやめるのではなく、さっさとやってしまおうというのがオレの考え方だ。

■社会に出て通用するのは学歴ではなく学力

オレは、大学に合格したヤツに、よくこんなことを言う。

「おまえら、大学に入ったら、一日三〇分でいいから勉強してみな。今、これを聞

吉野

いているヤツは、『何言ってるんだよ。これまで一日一〇時間から一二時間も勉強しているんだから、三〇分なんて楽勝だよ』って思っているかもしれないけどな。そう思っていても、多分、おまえらは勉強やらないよ。附属高校から上がって来る連中と会ったら、こいつら何てバカなんだろうって思うよ。附属から来たヤツは、中学、高校とろくすっぽ勉強していないからな。

でも、おまえら、そのバカと同じバカになって卒業していくんだよ」

大学なんてしょせん、そんなものだ。社会に出て通用するのは学歴ではなく学力なんだ。

つまり、努力を続けなくてはいけないということだ。人間は才能だけで生き続けることができるものではない。才能があって、さらに努力を続けていかなければいけない。

一番大切なのは地味な努力だと思う。それを継続できるヤツが勝つ。

オレたちは予備校講師だから、商売柄で学歴というものを一応は気にとめるけど、社会に出たら「どこの大学出ました」なんて話は、「どこの小学校出ました」と言うのと同程度の話だ。

四〇歳になって、「課長は、どこの大学出ましたか?」なんて気にするバカ、聞くバカなんかいないから。

じゃあ、受験なんかやる意味ないじゃないかと思うかもしれないが、そうじゃない。受験勉強や学歴はくだらないものかもしれない。大事なのは、一生懸命になってやるその過程や努力だ。

オレの中で何が一番大事なのか、財産なのかと聞かれたら、オレは多分、

「受験勉強でたった四カ月間だけど、死にものぐるいで頑張ったことだ」

と答えるだろう。今でも何か辛いことがあるときは、

「あの四カ月頑張ったんだから、できるだろう」

と自分に言い聞かせる。追いつめられたときは苦しいけれども、追いつめられた自分と闘い、それに打ち勝つしかない。

うまくできないときは辛いけど、うまくできない自分と向き合うしかない。

オレは受験でそれを学んだ。試験というものは、一生懸命やっても落ちるかもしれない。でも、その過程で学んだことは決してムダにならない。

そういう話をすると、若いヤツらは何を言っているのだと思うかもしれない。

受験生のヤツらに限定するなら、三〇歳ぐらいになったら思い出してほしい。きっとオレの言った言葉の意味がわかるよ。そいつは多分、出世しているよ。成功し

吉野

ているよ。

■やっている最中は限界なんて視界に入っていない

国学院大学の入学試験を受け終わった直後、オレは血を吐いて倒れた。そのまま病院に運ばれ、即入院した。あの四カ月半の受験勉強で、かなり胃をやられていたらしい。目もかなり悪くなっていた。

病院のベッドの中で、オレはいろいろ考えた。早稲田の入試も残っていたが、もうあの状態ではムリだった。ゼロから四カ月半でここまで来た。アルファベットも満足に書けないようなヤツが四カ月半でここまで来たのだ。これが限界なのかもしれないと思った。

国学院がダメだったら、来年一年やろうかなと考えていたら、オレが受けた大学から続々と合格通知が舞い込んだ。

オレが限界だなと思うのは、たいてい後になってからだ。やっている最中は、限界なんてまったく視界に入っていない。だから周りからは、身体を壊すまでムチャをするヤツに見えるかもしれない。

胃も大事にして、目も大事にして、「健康に留意しながら頑張ろう」なんていうのは、オレのガラじゃない。もし、そんなことをやっていたら、受かっていなかっただろう。

これは代ゼミの講師になってからも同じだった。一年目にオレは倒れた。九〇分の授業を一週間に二四コマやり、すべての授業が終わった翌日、入院するハメになった。そのときも、病院で「ああ、限界だったのかなあ」と思った。

でも、二年目なんて、もっとガンガンやった。もう倒れることはなかった。限界なんて、存在しなくなっていた。来年はもっとギンギンに行けるというのが実感だった。

限界を意識してしまえば、力なんて出るはずがない。限界に近づいたと思ったら、自然に力をセーブするようになる。限界とは、やった後でしか見えないものだと思う。

■勉強はカッコいい！　本気で完全燃焼してみろ

オレは大学生活が終わったとき、なんか悔しかったね。

吉野

それはやはり、国学院よりもいい大学に行きたかったからだ。受けたときは二〇歳だったので、世間的には三浪になるけど、もう一年やろうかなとも悩んだ。

苦手な英語を徹底的にやれば早稲田、慶応もメじゃないと思った。でも、結局やめた。

オレは死ぬほど受験勉強をやった。ここまでやったんだから、もう一年やったら死んじゃうかもしれないと本気で思ったのだ。それくらいオレは完全燃焼していたんだ。

ただ、完全燃焼してもやはり、悔しいものは悔しい。

オレは生まれ変わっても、やっぱり同じ人生を歩むと思う。不良になって、暴走族に入って、仲間たちとつるんで、バイクでジグザグ走行しているのかなあ。

だけど、大学受験だけはもっといいところを狙う。確かに人生は学歴じゃない。でも、学歴じゃないなんてことを、完全燃焼もしていない若者が言ってはいけないよ。

それに、勉強はカッコいいと思う。今の時代、勉強していることがカッコ悪いことだと思われているけど、実は一番カッコいいことなんだ。

カッコいいことから逃げてどうする?
完全燃焼しなくてどうする?
カッコいいとも考えずに、コツコツやっているヤツこそすごいんだ。
頑張ること、一生懸命やることは、強いことだということを忘れるな。

■出し惜しみせず、怒濤のように突っ走った

めちゃくちゃ勉強することはもちろん、思いっきり遊ぶことも必要なんじゃないかな。

四年間の大学生活を振り返ってみて、「ろくに遊びもせず、勉強もせず、適当に過ごしました」みたいなことを聞くほど寂しく感じるときはない。サークルでも遊びでもいいから、メいっぱいやってみろと言いたい。オレは大学時代、そうやって過ごした。

一般的には、「細く長く」生きるのがいいとされている。堅実に生きることこそが良いという教えだ。その対義語として「太く短く」生きるというのがある。

やりたいことをやって生きられるなら、長生きなんかしなくてもいいとオレは思

吉野

っていた。

　この仕事に入ったばっかりの初めは、自分が一番下っぱで、すべての古文の先生の背中を見ていた。そしていつも考えていた。

「この商売で一回は一番を取りたい。取ったら、やめてもいい」と。

　つまり「太く短く」でいいと思っていた。そのうちにオレは、その先生たちを抜いていた。振り返ってみたら、だれもいなかった。いつの間にか「太く長く」になっていたわけよ。

「太く短く」の精神で怒濤のように突っ走り、もがき苦しみながらも、常に目標を定めて渾身の努力をして生きてきた。オレの人生を振り返ると、「細く長く」と考えて、出し惜しみするようなことを、いっさい拒否してやってきた結果、「太く長く」なっていた。

　オレは代ゼミ講師の一年目から、出すものはすべて出し切ってやってきた。ちょぼちょぼ適当に出し惜しみするなんてチンケな発想は、初めからなかった。

　そのようなズルイ生き方には慣れていないし、慣れたいとも思わない。

　一生、そうやって走りつづけたい。思いっきり遊んで、思いっきり勉強するのだ。

　その心構えが、人生にどれだけ豊かな彩りを与えてくれることか。

吉野

■自分の力だけで芽が出たタネは大事に育ててもらえる

予備校講師というのはサラリーマンじゃない。

生き馬の目を抜く激しい競争の世界に生きている。

たとえるなら、オレたちは砂漠の中に、ぽんと埋められたタネなんだ。雨も降らないし、だれも水や肥料をくれない。ほとんどのタネは、芽が出ることもなく、ひからびて終わるが、なぜかそこで芽が出てくるヤツらがいる。

それがオレや有名なトップ講師たちだ。そこでそういうふうに自分の力だけで芽が出たタネだけを、予備校の経営者は大事に育ててくれる。

予備校というのは、そういうシビアな場所なんだ。

電通とかフジテレビのような大企業に勤める教え子たちが行き詰まって、オレのところにやって来る。「ちょっと相談があります」と言うので、「じゃあ、飲みに行こう」という話になるが、その場でよく、そいつらにこんなことを話す。

「おまえたちのプライドは、学歴、名刺で支えられている。おまえたちはいい会社に入って頭がいいから、プライドが高いかもしれないけど、それは学校からもらっ

吉野

た、会社からもらったプライドなんだよな。自分のプライドではない」

オレたちはプライドなんか関係ない。じゃあ、何がオレを支えているかというとズバリ、ゼニだ。ゼニがオレたちを支えている。

べつに授業をやっているときにカネのことなんか考えちゃいない。しかし、授業をやっていて、今日は辛いなあというときに、カネで奮い立たせることは正直ある。

その反面、クラスの雰囲気も良くノリノリの授業のときは、「こんな楽しいことして、カネまでもらっちゃっていいのかな」って思う。

しょせん、カネというのは手段であって、道具に過ぎないのだ。

オレたちを守ってくれるのは、会社でも学歴でもない。自分の「腕」だけだ。自分自身で能力を高め、ボルテージを上げていくしか自分を守る方法がないんだ。

一生懸命頑張るって一番強いことだ。それがわかんないヤツはダメだと思う。一生懸命やってないヤツと話してもムダだ。酒を飲んで、できもしない人生ばかり語っているヤツが多い。人の悪口みたいなことばっかりだ。

オレも近所の居酒屋でたまに飲んだりするけど、一生懸命やってないサラリーマンは見てもすぐわかるね。そういうヤツらはやたらと「いや〜、疲れたな」とか言いながら、なぜかニコニコしてほとんどつまみも食わず、はつらつと酒飲んでいる。

吉野

オレたちは疲れているから、体力をつけないといけないんで、ほとんど話もせずバンバン食っているのに、そいつらはニコニコして酒飲んでいるよね。

■勉強することにはそれぞれ意味がある

オレが教えている古文なんか勉強したって、社会に出たら何の役にも立たないというヤツもいる。

人が生きていく上で、日常生活に古文なんて関係ない。でも、もう一つの事実として、それぞれの科目を勉強することにはちゃんと意味があるということをわかってほしい。

オレたちは普通、何を見ても「かわいい」と言っているけど、その「かわいい」と言っても古文では、「あいぎゃう」も「いとほし」も「うつくし」も「かなし」「ろうたし」といろんな語があるわけなの。その語源や使われ方を学ぶことによって、ちゃんとした言葉や、精神がわかるようになるから、美しい日本語が理解できるようになるんだよ。

海外に行かず、外国人と話す機会もなければ、英語を学ぶ必要がないのと一緒で、

吉野

古文を知らなくても社会生活はつつがなく送れる。みんなの中には、そう思っている人もたくさんいるだろう。確かにそうかもしれないが、もし古文を勉強しなかったら、古来の日本人の精神なんてわからないと思う。

日本人なら日本人にしかわからない、わび・さびがあることはわかるだろう。日本人は神社や寺に行くのが好きだ。また、時代劇や大河ドラマをよくテレビで見る。

それは、古来の日本人の精神、生活様式、社会の成り立ちなどについて知りたいと、心が求めているからだろう。

その日本人の精神のルーツを学ぶには、『古事記』、『日本書紀』を勉強しなくてはならないんだ。

たとえば、七一二年が『古事記』、七二〇年が『日本書紀』でその後、九〇五年に『古今和歌集』が成立した。江戸時代の国学者、本居宣長や賀茂真淵などは、本来の日本人の精神を理解するには、『古今和歌集』を読むだけでは足らず、『古事記』までさかのぼらないと理解できないと言っているほどだ。

じゃ、『古事記』『日本書紀』『古今和歌集』の一八〇年間にいったい何が起きたかと言うと、遣唐使の派遣だよね。この遣唐使の派遣によって、中国の漢詩が持ち込まれ、日本の文化が大きく変わった。

つまり、過去を知らなければ、現在も未来も正しく理解できないということなのだ。

古文を学ぶことは、日本人の文化を学ぶことでもあるわけだ。

それはすごく大事なことだと、オレは思う。

かつて、日本人ならば、「春はあけぼの」という言葉を耳にするだけで、平安時代の随筆『枕草子』（清少納言）を思い起こして、ほのぼのとした気分になったものだ。

昔は古文を学校で暗唱させられたから、「春はあけぼの」と言えばすぐ、「やうやうしろくなりゆく山ぎはすこしあかりて紫だちたる雲の細くたなびきたる」と言える日本人がたくさんいた。

つまり、「春はあけぼの」と言う言葉の奥底に秘められた日本人独特の懐かしさを覚える感情は、現代にもなお生きているし、後世にも受け継がれていくべき大事なものではないだろうか。

■いろんな世界を旅してみるのも人生の大きな糧になる

二〇代から三〇代にかけては、とにかくいろんな人と話すこと、接することだ。

吉野

何か集まりがあって呼ばれたら、できるかぎり顔を出すほうがいい。

人間、結局、最後は学歴でも能力でもなく、人脈がものを言う。だれかの助けがないと人は生きてはいけない。もちろん、人に裏切られることもあるけれど、それも勉強だ。

いろんな人と知り合って、社交性を磨くということほど貴重な勉強はない。

また、いろんな世界に行ってみるのも、すごい勉強になるし、長い人生での大きな糧になる。オレの教え子で、早稲田の政経に行ったヤツがいる。

「テレビ関係に就職したいが、どうすればいいんでしょう」と相談を受けた。ご存知だろうが、テレビ局の入社試験の倍率など一万倍を越える。いくら早稲田の政経卒と言っても、その程度のヤツはゴロゴロいる。そこで、オレはこうアドバイスした。

「ワケのわかんない国に行きまくってこい！　ワケのわかんないなんて言ったら失礼だが、要するに『えっ？　そんな国に行ってきたの？』と、驚かれるような国のことだ。

暴言かもしれないが、日本よりも経済が遅れている国、文化などもはるかに違う国に行ってこい。そういう国へ行って、いろいろな人と出会って写真なんかも撮ってこい。面接のときには、それを面接官に話すんだ」

結局、そいつは日本テレビをはじめ、電通、住友商事など名だたる人気企業すべてに受かってしまった。「どこに行けばいいですかね」と聞くのでオレは、「バカやろう。自分で決めろ」と、言ってやった。

■外国語を学ぶなら日本人が一人もいないところに行け

英語を学びたいからアメリカに行くという人は多い。

それならば、周りに日本人が一人もいないところに行け。アメリカに留学しても、日本人たちとつるんで生活していれば、日本にいるのと同じじゃないか。

オレも学生時代、中国に何回も行ったが、友だちと行くなんてしなかった。たった一人で旅をした。昔の中国はすごかったから、一人旅での冒険もしたけどね。

特別寝台列車で済南という町に行って、荷物が全部なくなったこともあった。

当時、オレは中国語（北京語）を必死に勉強していたが、広東では方言の違いで全く言葉が通じず途方にくれた。中でも思い出深いのは、街に遊びに出かけたら、客引きにスナックみたいな店に連れて行かれたときのことだ。オレのウイスキーを

吉野

用意しているのだが、店員たちが何か言っている。

少しは中国語が得意になっていたので耳をすますと、「睡眠薬を入れてしまおう」みたいなことを言ってやがったのだ。オレは、有りガネを全部出して、彼らに言ってやった。

「なあ、これあげるよ。頼むからそういうことしないで、普通に飲ませてよ」

地獄を見たというほどでもなかったが、いい体験であった。

学生時代には、このような体験もまた、目に見えない財産になって残るよ。

■人と違うことをやるのを恐れるな

今でも付き合っている生徒に進路のことで相談された。そいつは、お父さんが幼稚園の園長なので、自分が跡を継がないといけないと言う。本当は早稲田に入って法律を学びたいが、幼稚園の先生になるためには、青学や玉大に行って専門課程をとらねばならない。

「どうすればいいでしょうか」というわけ。オレはヤツに言ってやった。

「親父が幼稚園の園長だからって、おまえが幼稚園の先生にならなきゃいけない、なんて決まりはない。本当に法律を学びたいのなら、四年間それを学んでから、幼稚園の先生になってもいいじゃないか。学んだことが幼稚園の仕事に反映できないとは限らないよ」

自分の人生をこうじゃなくちゃ、と思い込んでいるヤツは意外と多い。周りを見渡して、みんながやっているからオレも乗り遅れてはいけないと、自分にがんじがらめのタガをはめてしまう。他人がメシを食わせてくれるわけじゃない。自分で自分のやりたいことをやってメシを食っていけるかどうかを、すべての基準に置くべきなのだ。

学生時代、オレは予備校の進学指導室で成績を見ながら相談ごとを聞いたり、国語（現・古・漢・小論文）を教えるフェローをしていた。卒業してもネクタイなんかするつもりがなかったオレは当然、就職活動などせず、中国語を勉強するのにてっとりばやいので、金をためては一人で中国に行っていた。

バブル時代だったんで、学生たちが企業回りに拘束される解禁日中も、オレだけ進学指導室にいて、生徒の質問に追われていた。

すると、後輩たちがやってきて、みんな心配そうな顔をしてたずねるわけだ。

「吉野先輩、何でこんなところにいるんですか。就職活動しないでいいんですか？」

吉野

就職活動しないことが不思議でどうしようもないらしい。つまり、だれでも大学を出たらサラリーマンになるのが当たり前だと思っている。将来、進むべき道は、「こうじゃなくちゃいけない！」と思い込んでいるヤツらだ。

たった一度の人生だから、ワクにはまらず、自分の思った道に賭けてみるのもいいんじゃないか。そういう人間が成功するんだ！

第3章

「やる気」を出すということ

死ぬ気でやってみろ

一〇〇日頑張れないヤツは一生頑張れないよ

試験を受けるヤツらに言う。あと入試や資格試験まで何日あるかはわからないが、たとえばあと一〇〇日あるとしようよ。「あと一〇〇日もあるんだ」と思っているヤツは、たいていできないヤツだね。たった一〇〇日しかないんだよ。オレはこう思うね、その一〇〇日頑張れなかった奴は一生頑張れないよ。一〇〇日頑張ったヤツは一生頑張れるかもしれない。

でも、人生の中のたった一〇〇日頑張れなかったヤツが一生を頑張れるのか。

この一〇〇日の間は、いろいろなことが犠牲になっていくと思う。でもどうせ犠牲にしなくっちゃいけない、するんだったら徹底的に犠牲にするんだよ。その犠牲も自分の目標を達成した瞬間、いい思い出に変わるから。オレが言うんだから間違いない。

それがおまえらの財産なんだよ。目に見えるものだけが財産じゃないから。

あと、よく「どうすれば、受かりますか?」って言われるが、まず生活態度を改めること。たとえば朝、六時三〇分に起きていたヤツは一〇〇日、朝六時三〇分に起きられるかどうか（ただ起きていてもダメだ）。

そして今は、「目標に向けて頑張ろう!!　やろう!!」という気持になっているかもしれない。この今の気持を翌月に持っているかどうか、翌々月にまだ持ち続けているかどうかだ。三カ月後、半年後になって今よりも気持が燃えているかどうかよ。

地獄かもしれないけど、死ぬ気でやってみな。

勉強を始める前にシビアな現実を見ることもいい

特にのんびりとした性格の人は、危機感を持つために、あらかじめ「地獄」を見ておくのもいいかもしれません。人間というものは、失敗を経験した方が強くなります。失敗をしていなくとも、失敗するとどうなるのかを見ておくというのはムダではありません。以前どこかで、成功して億万長者になった人が、初心を忘れないように路上生活者を見に行くという話を聞いたことがあります。

受験生の場合、定員割れの覇気のない大学を実際に見に行くことも、ショック療法になるかもしれません。

よく晴れた日に、その大学とあこがれの難関大学の学生や施設を比較してみてください。努力した先と、努力しなかった先の違いがきっと明確に見えてくることでしょう。特にのんびり屋の人にとっては、シビアな現実を見ておくことが勉強の「やる気」を出すのに役立ちます。

何をやっても楽な道などない

一度は地獄を味わってみろ

そもそも、オレが大学受験をやってみようと思ったきっかけは、二〇歳の九月二

○日に、当時好きだった彼女に「大学ぐらい行って欲しい」とフラれたからだ。恥ずかしい話、雪山に行って自殺未遂までやったくらいだ。でも、一二月ごろには、そんなことはどうでも良くなってしまったほど、無我夢中で勉強した。

彼女のことなんて正直、忘れていた。じゃあ、忘れたんだったら、受験勉強などしなくたっていいわけじゃん。

でも、うまく言えないんだけど、乗りかかった船というのもあったし、意地もあった。

そういうときにこそ、誘惑がある。試験本番直前の一月一五日の成人式、オレは夏ぐらいから友だちと、ホテルの宴会場を借り切ってパーティをしようと計画していた。

すでに暴走族は引退していたが、そのときばかりは仲間たちと「走っちゃおうか、二年ぶりだし」なんて言って楽しみにしていたのだ。パーティの前日、オレは悩んだ。

「一日ぐらい飲みに行っちゃっても平気かな。今まで頑張ったんだし」とか、「行かなくたって試験に落ちるかもしれないな」などといろいろ考えた。

オレだって誘惑に弱い。だから受験勉強を始めたとき、仲間には電話しなかった。

もし、一回でも電話したら飲みに行ってしまうからだ。

一月一五日に、おやじとおふくろにダーバンのスーツを買ってもらった。

「そろそろ着替えた方がいいんじゃない」

と、成人式に出かける前におふくろに言われたとき、ふっと思った。

「オレ、これで式に行ったら、昔の自分に戻っちゃう。この時点で国語は完璧だったけど、英語なんて全くやってなかったし、日本史はまだ江戸時代までだよな。一番出る明治・昭和史なんてまだ教科書程度しか暗記していない。一日くらい平気だよな。でも行っちゃいけないんだ、どうするんだオレ！」

って、何だか情けなかった。

一番自分が情けないと思ったのは、よく中学・高校のときに試験の一〇分前ぐらいまで教科書とか見ているヤツに、「何おまえ勉強してるんだ。バ～カ」とか言っていたオレが、今、そいつら以上に悩んでいるわけじゃない。それが何か情けないと思ったわけよ。

気がつくと、オレはおやじとおふくろが買ってくれたスーツをハサミでズタズタに切っていた。すごい哀しかった。哀しかったけど、人間というのは本当に哀しいとき、また悔しいときは涙が出ないものだということに、このとき気づかされた。

人間は勉強をする生き物

よく、勉強をしなくても生きていけますか、と聞かれることがあります。

たしかに、「受験勉強」をしなくても人は生きていけるかもしれません。ただ、「勉強」は絶対にやらなければいけません。

どんな世界でも、たとえそれがアウトローな世界であっても、成功する人間というのは、必ずその世界の勉強をしています。

五教科、七科目だけが何も勉強ではありません。東大に入るための勉強も、寿司を握って自分のお店を持つ勉強も実は同じで、勉強という努力をしなくてはいけない。その努力に貴賤はありません。

勉強しなくても生きていける、親のお金に寄生して生活できるというのは、たまたまこの時代にだけ許されたことで、長い人類の歴史から見れば、かなりおかしなことではないでしょうか。

受験勉強は生きていく上でどうしても必要というものではありませんが、人には、広い意味での勉強が絶対に必要です。刑務所などに入れられた人の多くは、誰から言われるわけではなく、本を読んだり、勉強を始めたりします。何かを知りたい、自分を向上させたいという気持ちはどんな人にでも宿っているのです。

人が生きていく上で、勉強から逃れる道はないのです。

「ヤル」ことを始めるしかない

逃げ道なんてどこにもない

よく「ヤル気が出る方法はありませんか」なんてバカな質問をしてくるヤツがいるが、そんな方法があったら、オレが教えてもらいたい。ヤル気だけは本人が自分で出すしかない。どうしようもないのだ。古文の場合、まだ週二回九〇分の授業で成績は上がるかもしれないけど、英語は授業だけでは絶対ムリだ。

つまりオレたちは、授業という道具を使っていかに生徒たちのヤル気を出させるかなんだよね。

でも、ヤル気を出させるのはムリだと感じることがある。オレ個人の考えでは、勉強へのモチベーションが上がらないなら、勉強をやめればいいじゃないかとか思ってしまう。

なぜなら、こんなことを言ったら、この本が売れないんじゃないかと心配だが、ここで紹介する勉強法というのは、多かれ少なかれ、成功したヤツはみんなやってきた当たり前の勉強法ばかりだからだ。

勉強のできる人というのは、時間をうまく使っているだけなんだ。

頭がいいとか悪いとかの差は、ほんのちょっとの差。勉強とか受験なんて結論から言うと、ヤルかヤラないかだけという単純な世界でしかない。どうやればいいか、もっとうまい方法はないか、もっとラクにできないかなんて考えるのは、実際にやってみてから後に考えろ。何から始めればいいかと言えば、「ヤル」ことから始めるしかない。

つまり、勉強ができるようになるには、ヤラなくちゃいけないということで、逃げ道なんてどこにもないのだ。だから、まずヤレ！

ノンストップでやることの方が、遊ぶことよりストレス解消になる

私が受験生のとき、どうしてもやる気が出ず、ストレス解消だとこじつけて、ひとりでゲームセンターで過ごしたことがありました。そうやって勉強をしていないと、逆に勉強のことが思い出され、罪悪感がたまって夜眠れなかったりしました。「苦労している両親から高い金出してもらって、予備校に通わせてもらってるのに、こんなところでオレは何をしているんだろう?」などということばかり、考えまいとしてもどうしても考えてしまいます。

つまり、目標意識をしっかり持っている場合、「ストレス解消」だと言って遊べば遊ぶほど、逆に怠けている罪悪感からストレスがたまってしまうのです。

そんな場合は、一日中必死で勉強や仕事をやってみましょう。きっと、一日の終わりに「やったぞー」という快感を得ることができます。

勉強や仕事を一日中ノンストップでやることの方が、遊ぶことよりもストレス解消になる場合もあるのです。

目標を人前で言ってしまおう

自分の中では後に引けなくなって覚悟ができる

柔道で世界的に有名な〈柔ちゃん〉が言った「最低で金、最高でも金」じゃないけど、自分の目標を周囲に公言して、自分を追い込むということは、勉強には絶対に必要だ。

オレは高校卒業後、働いていたが、受験するので卒業した高校に内申書をもらいに行った。でも、これがそうとう恥ずかしかった。

私立だったので先生は転勤がなく、オレの担任がそのままいた。

「何しに来たの？」

と、不思議そうな顔でたずねる担任にオレは言った。

「大学に行くんです」

笑われたね。それも大爆笑。まあそりゃそうだよな。

おまえみたいなのが、「行けるわけないじゃん」と言われて恥ずかしかった。けれど、公言したことだから、自分の中ではもう後には引けなくなっていた。そこで、ある種の覚悟ができたわけだ。

オレは奥さんと付き合い始めたとき、一日五〇本吸っていたタバコをやめた。そのときにも、「もうタバコは吸わない」と、周囲に言いふらしてきっちりやめられた。

意志が弱い人こそ、目標を公言することだ。

目標を公言したら、いちいち説明を与えたり、もっともらしい理屈を並べたりしないで、ヤルだけだ。だって、公言したんだから、ヤルしかないだろう。

「ヤル」は、言葉にしてしまえばたった二文字だ。でも、実際に自分がやっているその瞬間、瞬間は、やっていること以外に何も考えない。

それが本当に、「ヤル」ということじゃないか。

Force Yourself.

「キミはどこの大学を受けるの？」

「いやちょっと……」

という〝いやちょっと大学〟を志望する生徒が非常に多くなっています。

目標を口にする生徒たちですら、なぜか目標の前に「けれど」という前置きが来ます。

「ダメだと思うけど、東大を狙ってみようと思います」

「あまりいい点は取れないけど、ＴＯＥＩＣを受けてみようと思います」

メチャクチャ死にものぐるいで頑張って落ちる、というのが格好悪いと思っているのでしょう。自分が惨めな思いをしないための「保険」、を前置きをすることによって、かけているのです。

たしかに「……だけれど」という保険をかけておいた方が、失敗したときには格好悪くありません。

しかし、このように保険をかけると、「甘え」が生まれてしまい、「どうせ断言はしていないのだから、この程度の努力でいいか」と無意識に考えるようになってしまいます。

「不合格だと格好悪いので、推薦で行けるそこそこの大学にしておきます」と言う学生も多く、限界ラインを上げる格好のチャンスから、格好悪いということで逃げ出しているのです。

「早稲田、慶応に絶対入ってやる」

それだけでいいのです。保険をかけると、〝ダメだと思うけど〟というところまでしか人は勉強しない。限界ラインを下げてしまうのです。

人前で言っちゃったら、「やばい、言ってしまった。やらなきゃいけない」という心理に自分を追い込むことができるのです。

勉強においては、しばしば自分を追い込んで行くことが重要なのです。

昔、アメリカに行ったとき、名門、カリフォルニア大学バークレー校の秀才学生たちと、同じ家に泊まったことがあります。

彼らは夜中でも音楽をガンガンかけてたいへんよく勉強するのですが、英語が話せずに苦しむ私にアドバイスしてくれました。

「Force yourself. 自分を追い込まないとダメ。怠けるから」

だから、親にも友だちにもみんなに宣言しましょう。「私はこういう目標があってそのために勉強をする」と。自分で退路を絶ってしまうのです。あとには引けないようにすればいい。そうすれば、自分を厳しく律する方の選択をするようになってきます。

辛い思い出が最大のプレゼントになる

必ず人生の収穫があるよ

「受験勉強が面白くないんですけど」なんて、アホなことを相談してくるヤツもいる。

　これは勘違いしているヤツが多いと思うのでハッキリ言う。

「受験勉強というのは、はっきり言って勉強じゃない！」

勉強じゃないんだから、面白くないのは当たり前だ。

勉強というのは、何でもいい。たとえば言葉の語源について勉強するとか、好きなものを探究することだ。あとは、生活の手段を得るために学ばざるを得ないというのが勉強だ。

　だから、受験生で英語が楽しくてしょうがないとか、本を読むのが好きというのはわかるし、それはいいことだけど、「現代文が生きがいです」とか、「空欄に穴うめ問題を見るとゾクゾクします」なんてヤツはいなくて当然だ。いたとしたら、そいつはおかしいヤツだ。勉強は面白くなくて当たり前だ。受験勉強自体は、面白くないし、くだらないものだ。

漢文なんかやったって、何の役に立つんだというヤツがいる。

オレ自身、受験勉強を始めたころ、源氏物語の作者が紫式部だということすら知らなかった。「これは日本人の常識ですね」と教師が言っても、オレにとっては常識ではなかった。

一六年間予備校で生徒を教えてきて、さすがに当時のオレほどデキなかったヤツはいない。

どんなにできないヤツでも、オレが受験勉強を始めたころにくらべれば、はるかにマシだ。

だから、高校教師や予備校講師などには、「オレも昔はバカだった」とか、「オレも昔は劣等生だった」とか、「デキないヤツの苦しみがよくわかる」などと簡単に口にしてほしくない。

進学高校から普通に有名大学に行った自称「劣等生」の先生方が、辞書も引けなかった、四段動詞の存在も知らなかった、アルファベットを筆記体で書けなかったヤツの気持ちがわかるはずもないだろう。わかってたまるかと、オレは言いたいのだ。

そんなことを全部わかっているオレが言っているのだ。

オレだって未だに、受験勉強をしている夢をみてハッと飛び起きたりする。

今のオレがあるのは、この辛い思い出があるからだ。

人間の本質とは、おぎゃあと生まれて、いったいいくつイヤなことや辛いことを経験してきたかということで決まってくるんだとオレは思う。

だから生まれてからずっとエリートコースで、小学校も私立の付属でろくに挫折も知らないで大人になったヤツらは、逆に可哀想だと思うぜ。

もし、そういうヤツがこの本を読んでくれていたら、言いたいね。

「おめでとう！　挫折しろ」

不安があって当たり前！　不安があるからこそ成功する！

不安をなくす方法はありませんか、なんてことを聞かれることもありますが、多少の不安はあって当然なのです。

入試前日に「英語、完璧です」、「国語、完璧です」と胸を張っているような生徒に限って次の年にも教室でお目にかかります。

「あれやっていない」、「これをやらなきゃ」という不安がある方が健全です。不安がない方が危険信号なのです。

ピカソにしても黒澤明にしても一生涯完璧なものを求め続けて、不安の中で過ごしたからこそ、偉大な業績を達成することができたわけです。

試験場から帰ってきて、ニコニコして「できました。完璧です」という学生に限ってうまくいかないことが多く、「ダメでした、あそことあそこ勘違いしちゃいました」という学生の方がうまくいくことが多いのです。

これは勉強だけに限りませんが、「オレってすごい、完璧」と思った瞬間、もうおしまいです。ピークになった瞬間、もう落ち始めているわけです。

私の経験上「万能感」を感じたときが最も危ないときだと断言できます。努力を続けて成果が出てくると、自分を天才だと思う瞬間があるかもしれません。

絶好調で何もかもうまくいっている。そんなときにやる仕事が一番危険です。私も仕事上の大きな失敗は、必ずそのようなときに起こっています。

人間というのは不安があるからこそ勉強するし、向上するのです。ある程度の不安を抱え、それに思い悩むことなく、それを刺激として、自分を振り返って、自分を向上させて行くのです。ある程度の不安は、人間を前進させるエンジンなのです。

そして、その不安を自信に変えるのが努力です。私たちから見ても、「こいつは絶対に受かるな」という生徒でも、多少の不安があるのは当たり前です。少しも不安のない人間なんて気持ち悪いと思いませんか。

矛盾するように聞こえるかもしれませんが、不安をうまく利用してしまうというのも、勉強や仕事を成功させる一つのポイントです

さて、「失敗しても努力したことは残る」と言うと、私の職業柄たいへん偽善的に響いてしまうかもしれません。しかし、私は本当にそう思っています。

学歴よりも大切な指標が「経験」です。努力した経験、悔しかった経験は、皆さんの人間的な幅を広げることに役立ちます。

「必死に頑張っても、落ちたらどうするんですか」と悩む受験生も多いのですが、それはきわめて短絡的な見方だと思います。

受験に失敗する、というのは一面的な見方で、貴重な経験と考えてみてほしいのです。大学には入れなかったかもしれないけど、一年間、一生懸命頑張ったという

事実が残るじゃないですか。

私は今までの人生を振り返って、最高の一年はいつですか、と聞かれたら、迷うことなく、「受験時代の一年間」と答えます。朝八時から夜八時まで勉強する、修行僧みたいな生活。あれだけ頑張った、という自信は今も自分の支えになっています。いい大学を狙って努力することは、人生において絶対にムダではありません。

これはあくまで私の経験上の話ですが、頑張ったけれど試験に落ちてしまって不本意な大学へ入った教え子と、最初から逃げ道で、入りやすい大学へ入った教え子とでは、一〇年後には、前者の方がはるかに出世します。

必死で努力したけれど、不本意ながら第三志望の大学になってしまった人が、悔しさをバネに四年間努力を続け、第一志望の大学に行ったとしても達成できなかったであろう、素晴らしい成果を出しているのをよく見るのです。

彼らには〝頑張る癖〟がついているのです。一生懸命やって逆転したい。オレはこんなもんじゃない、というハングリー精神が宿るわけです。

第4章

頭のいい人、悪い人のやり方

くだらないことは考えるな

頭のいい人は、普通のことを普通にやる

人気のある予備校講師っていうのは、わからないことをかみくだいて生徒に伝える。

人気のない講師っていうのは、簡単に言えることをやたらと難しく話す。

先生によっては、生徒にわざと感動させようと思って難しくする人もいるわけだ。それを狙っている先生もいる。で、バカなヤツがその難しく話す講師に感動してついて行っちゃうから、どんどんややこしいことになる。

勉強って、そんな難しいこと考えなくてもいいんだよ。もっと単純に、素直に、「ああ、そうか」と記憶していくだけで十分なんだ。

たとえば、「犬も歩けば棒に当たる」という諺があったら、バカなヤツは「何で犬なんですか」とか質問する。昔から棒に当たるのは犬って、諺が決まっているんだよ。

円周率が〈3.14〉だというと、「何で?」とか聞くヤツも伸びない典型だよね。何でじゃないって言うの。昔からそういうふうに決まっているんだ。円周率を発明した人が何でそう解明したのか、その経過を知るのは、受験生の段階では不要なんだ。

〈3.14〉で計算してやってきたから、今のオレたちがあるわけじゃないか。こういう理屈っぽいヤツは、勉強、特に受験には向かないし、頭が悪い人ではないかとオレは思う。

頭のいい人は、そんなくだらないことで立ち止まって考え込まない。

何で〈3.14〉なのかなんて、そんなの大学に入って専門でやれ、または趣味でやれ。

頭のいい人は、普通のことを普通にやる。当たり前のことを、当たり前にやる。

簡単なことを難しく、回りくどくやるのは、頭の悪い人だ。

オレは、「努力」とか「苦労」という言葉が嫌いだ。オレなりにメチャクチャ勉強したが、自分のやってきた受験勉強で苦労したとか、努力したなどと思ったことはない。

そもそも、努力とか苦労という言葉は、それがなければ生活できない、生きていけないという命を賭けたギリギリのところで、普通の人以上の何かをヤルことを言うんじゃないだろうか。人に頼まれたわけじゃなく、自分から進んでヤル勉強を、いちいち努力とか苦労なんて言っちゃいけない。

自分が能力を伸ばしたいから勉強するだけだろう。だれかに頼まれて勉強するわけでない。勉強しなければ受からない。勉強すれば偏差値も上がるし、目指すところにも受かる。だからヤルだけなんだ。いくら勉強したからといって死ぬわけじゃないし、それほど命を賭けるほどのものでもない。

やらなければいけないと自分が思って、当たり前のことをするだけだ。時間をどんなにかけようが、遊びを我慢しようが、徹夜しようが、そんなもの努力じゃなく、当たり前だ。

思い込みは頑張ることの妨げ

よく自分の境遇を延々と語り始める人に出会います。高校を辞めて、大検に受かって、などの苦労話です。自分がいかに不運であるかを切々と語るのです。私はそのような人の多くは、自分が進んできた道に縛られてしまっているように感じます。たとえば、スキーをやっているとして、こういうコースを進んできたので、この先もこう進まなくてはいけないというようなことです。過去の進路から未来の進路を決めようとしているわけです。

大事なのは進んできた道ではなく、今すぐに進む方向を変えることです。自分は今現在こういう環境にいるから、境遇だから、こうでなくちゃいけないという考えに縛られている人は、進む方向などいつでも変えることができるのだ、と気づく必要があります。

このような「思い込み」は、一歩を踏み出して頑張ることの妨げとなります。勉強なんて、やる気があって努力をすればいつでも誰でもできます。しかし、成功体験がないので、まさか自分ができるわけがない、などと自分で自分の限界を決めてしまっているのです。

「成功体験」と言っても、最初から成功体験を持っている人などいません。どんな成功者でも、最初は成功体験が皆無の場所から始めたのです。

「思い込み」に縛られず、いつも未来に目が向いているのが「勉強ができる人」ではないでしょうか。

人間はいつ、どの瞬間にでも変わることができます。変わることができないと思い込んでいるだけなのです。

また、簡単なことをわざわざ難しく考えてしまうタイプの人がいます。

きっとこのタイプの人は頭が良すぎるために、ほとんどの人たちが簡単に考えることをわざわざ遠回りして難しく考えてしまうのです。

もちろんこのような勉強の仕方では量がこなせないので、なかなか点数に結びつきません。マニアによるマニアのための勉強であればそれでいいのかもしれませんが、受験勉強でこれはいけません。

簡単なことを難しくする人というのは、研究者には向いているのかもしれませんが、テストで点を取るのには向かないのです。自分はねちっこい研究者タイプかな、と思う人は、ある程度割り切って勉強する勇気を持たなければいけません。

バッサリと切り捨てて、大事なことだけを完全に習得するのも、勉強を成功させる方法なのです。

基本的に明るく素直がいい

休暇中くらい、みんな一緒に大笑いするメリハリは必要だ

頭のいい人、つまり、勉強のできるヤツっていうのは、基本的に明るい。そしてバカは暗い。予備校では、成績のいいクラスというのは笑い声が絶えないものだ。オレも授業中に、くだらない話をして生徒たちをよく笑わせる。

「じゃあ、ちょっと一息ついて一〇分ぐらい話をしようか」

とか言うと、そこでイヤ味ったらしく単語帳を開くヤツが必ず一人はいる。で、そういうヤツって、たいてい勉強できないの。

オレはそういう生徒に言いたい。

「おまえな、六〇分間、本気で授業聞いていたら疲れているはずだよな。全力でやったんなら、一〇分のクールダウンの時間は必要だろ?」

これみよがしに単語帳を開くのは、ひょっとするとオレへの反抗かもしれないが、でも一〇分間におまえは単語何個覚えられるんだよ。

それなら寝る前、一〇分間でも時間を割いてやればいい。やるときはやる。休むときは休む。

休憩中くらいは、みんなと一緒に大笑いするメリハリは必要なんだ。

どんな勉強にも息抜きは必要だ。長く勉強をしていると当然、ヤル気がなくなってしまったり、萎えてくることもあるだろう。そこで、多少の息抜きをする。

でも、息抜きで気をつけなくてはいけないのは、もしヤル気がないときは必ず一人で遊ぶことだ。友人たちと遊ぶ場合、遊ぼうというヤツは、どうせダメなヤツが揃っている。

そういうヤツらに限って、人生論とか語り始める。

「オレ、今はダメだけど、いつかはビックになる！大成功してやる！」

「先輩の友だちで大学に入っていないけど、成功しているヤツがいる」

越えなきゃいけないハードルを前にして、夢みたいな話ばっかりして、屁理屈をこねる。これほど必死に勉強したい人間にとっての悪影響はない。だから、一人で遊ぶ方がいい。

一方、一人で映画を見たり、街をブラブラしていれば、おのずと焦ってくる。「こんなことでいいのかな。こんな時間をムダにしていいのかな」と、追い込まれていく。

そうすると、息抜きをしている場合ではなくなり、さらに勉強に励むようになる。

素直に専門家に委ねてみる

勉強が我流ではどうしてもうまくいかない場合は、やはり専門家の意見を素直に聞くことでしょう。しかし、人の意見を素直に聞くということは、案外簡単ではありません。講師も人間なので、アラを探すとキリがありません。ついつい細かな間違いに目が行ってしまい、批判したくなることもあります。

私が教えている中には、時にとてつもなく成績が良く偏差値八〇を越えるような生徒がいます。そのような生徒は、例外なく「素直」です。私のやり方通りに、まるでスポンジのように知識を吸収します。一方で、成績が伸び悩む生徒は、方法論に疑問ばかり持ち、先に進めなくなってしまいます。

「素直である」ということは、もしかしたら「勉強ができる人」が持っている案外狡猾な、人から知識を盗み取るための手段なのかもしれません。習う人の究極の目標は、教える人を越えることなので、まずは教える側の人間の能力をボディースナッチャーのように吸収するために、素直に何でも聞くのが一番というわけです。

些細な欠点には目をつぶって、受け入れることで、能力をすべて吸い取る。自分とその人のどこが違うかを見つけ、自分なりに欠点を見つけ、その人のレベルにまで高めていくわけです。

受験生に関して言えば、独学で偏差値六〇ぐらい行っている生徒が実は成績を上げるのが一番難しいのです。とてもできる生徒というのは、とてつもなく素直であることを作戦としているから、こわいけれどとても教えやすい。全くできない生徒は、「センセイ助けて」みたいなゼロからのスタートなので、これはこれで教えやすい。

独学で中途半端にできる人は、自分のこだわりとプライドがあるので、自分とちょっとでも違う考えはなかなか受け入れられないのです。

さて、素直は良いことですが、逆に講師に一〇〇%頼り切ってしまうのも危険です。よく、「この問題はどう解くのですか?」と生徒は質問をしてきますが、講師の中には、懇切丁寧に解き方や考え方を教えてくれる人もいます。このような過度の依存や指導は、一見素晴らしいことのようで、思考力や粘りを奪ってしまうので危険です。

こういうことを続けていると、そのうち生徒は「センセイ、この単語の意味は何ですか」「答えを教えてください」「カゼを治してください」などと言い出すようになります。自分で考えたり調べたりする粘り強い作業ができなくなってしまうのです。これでは、いつまでたっても自立的に学習できるようにはなりません。

私は、質問に対してはヒントだけを教えて、自分の頭で解くようにさせています。ワザを盗むのが勉強であって、講師に依存しているとワザが身に付かないからです。私は単語の意味を聞かれたら、辞書の引き方を教える。我々の仕事はカウンセラーです。ネチョネチョとしつこい生徒には、あっさり教えて、あっさりした生徒にはきちんと教えなければいけません。そして、最終的な目標は、自立をさせることなのです。

野球、テニスでも、最初はコーチや監督の言うとおりに練習していますが、そのコーチや監督がいなくては何もできない、となったら永遠に試合に出られません。私たちコーチは、皆さんが自立していくための踏み台に過ぎません。能力を吸い取るまでは素直に言うことを聞き、能力を吸い取ったらもっと上の場所にいる次の獲物を探せばよいのです。

重要なのは、己を捨てるタイミングと己を持つタイミングなのです。この「素直&自立」作戦で、講師からすべてを吸い取ってやりましょう。

どうせやるなら楽しくやろう

自分に合った予備校なんてない！　おまえが合わせろ

よく受験生のくせに、「あの予備校は、自分とはどうも肌が合わない」なんてことを言うバカがいる。こういうヤツは自分でもある程度合わせないといけないということが、まったくわかっていない。少し話が飛ぶかもしれないが、ある知り合いの女性から、男性を紹介してくれと頼まれたことがある。そいつは美人だから、男など選びたい放題かと思っていたら、なかなか合う男がいないという。

話を聞いていると、そんなことだから彼氏ができないんだと思った。

彼女の言い分はこうである。

B君と付き合っているうちに、だんだんB君にはない昔に付き合っていたA君のいいところを思い出す。そこでB君と別れ、C君と付き合ってみた。最初は何の不満もなかったが、付き合っていくうちに、今度はC君はA君とB君のいいところを持ってないことに気付く。

結局、C君とも別れてしまう。次のD君と付き合っていても、やっぱり前と付き合った男と同じだった。オレはそいつに言ってやった。

「まず、おまえが男に合わせろ」

これは受験生にも同じことが言える。オレは言ってやるね。

「何でオレたちがおまえらに合わせなくちゃいけないんだ。勘違いするな。予備校からしてみれば、おまえらはお客さんかもしれないけど、オレたちからすれば、おまえらは単なる生徒なんだな。生徒だって先生に合わせないでどうするんだよ」

予備校にとっては、生徒は客かもしれないけど、オレたち講師からすれば、彼らは生徒なわけよ。と言うことは、生徒の成績を上げなきゃいけない。だから勉強しなければ怒る。極端に言えば、予備校からすれば、生徒がおカネさえ払ってくれれば、もう一年でも二年でもいてほしいわけじゃないか。

オレたち人気のある先生というのは、どうすれば生徒が飽きないか、どうすれば生徒にわかってもらえるかを考えながら授業している。だけど生徒はたくさんいるわけだから、全員に理解してもらうのは不可能だ。なるべく、それに近づけるように努力はしているよ。

だから、生徒も先生に合わせなければいけないわけだ。

「昔、オレ暴走族でさ」

なんてネタだけでは、一年間生徒たちをついて来させることはできない。

ラーメンが売れなくても景気のせいにするな！

私たちのような仕事をしていると、「理想の塾はないですか？」「最適な勉強法を教えてください」と言いながら、人から人へ、場所から場所へと渡り歩いている人によく出会いますが、はっきり申し上げます。一〇〇パーセント自分の要望に合ったものなど見つかりません。「ないものねだり」なのです。

前にお話したように、環境や他人のせいにするほどラクなことはありません。それと同じで、塾のせい、勉強法のせいにするのは簡単なことではありますが、それでは永遠に解決策は見つかりません。

たとえば、あなたがラーメン屋さんをやっていて、全然客が来ない。このままだったら潰れてしまう。これを世の中の景気のせいにするのはおかしいのではないかと思います。いくら景気が悪くたって、行列のできるラーメン屋はあるわけです。

実は、問題は景気ではなく、自分のラーメンのダシや麺にあるのだと気づくところからスタートしなければなりません。

受験生でも、先生が悪いから伸びない、学校が悪いから伸びない、という他力本願な考えに走る人は、景気のせいにしているラーメン屋さんと同じなのです。

自分に合った完璧な講師や最適な勉強法など、この世に存在しません。理想の塾を探し求めて三千里なんて親子もいますが、自分自身の力で工夫をして、合わせていく努力もしなくてはいけません。

予備校に来るなら思い切ってダマされてみる

私たち講師と呼ばれる人々は、悪い部分も弱い部分も持った普通の人間なのに、高校生たちに「カリスマ講師」などと呼ばれ、妙に神格化されることがあります。

このようなことに、ちょっとした罪悪感はありますが、もしかしたらこれも何かの役に立っているのかな、と自分に言い聞かせて、その役を演じさせていただいています。

私が「カリスマ」を演じることで、それに憧れて英語が好きになったり、今日から頑張ろうとやる気が出た人が一人でもいてくれればいいだろう。夢を与えて励ますというのも予備校講師に与えられた仕事なので、それはそれで世の中のお役に立っているのかなと思うのです。

ときどき、こんなに人を煽動するようなことをしていいのかと悩むこともありますが、悪い方向に引っ張っているわけではない。人生が好転するよう、目標に向かって努力させるわけだから、ぜひ受験生には、あえてダマされてもらいたいと思っています。

「踊る阿呆に見る阿呆」、どうせなら一緒になって踊った方が楽しいし、中途半端にやるよりは、ズッポリはまって努力してみた方が、有意義な時間が過ごせるに決まっています。

どうせやるのなら、大好きな先生を見つけて楽しくやった方が、英語でも数学でもできるようになります。授業で笑っていて、気がついたら英語が好きになっていた、ということもあるはずです。予備校にやってくる受験生は、思い切って先生にダマされてみるのも一つの作戦です。

優先順位を間違えない

どうでもいい三〇%のところを必死で勉強する頭の悪いヤツ

資格を取る勉強や受験勉強の入口で、プロに身を委ねるというのは大賛成だ。

でも、最後まで講師のオレたちが言っている勉強法でやっているヤツはバカだと思う。つまり、「そこまでやったら、自ら応用をきかせてヤレ！」ということだ。

自分なりの勉強法を作らなくちゃダメだ。

勉強をやって行く上で、自分にぴったりした要領は自分で作ることだ。「勉強は要領だ！」と、よく言われている。その要領こそ、自分で作って行くものなのだ。最後まで、すべて先生の言う通りにやっているようでは、目標を達成することはできない。

たとえば、いくら健康にいいからって、『思いっきりテレビ』でみのもんたの言う通りに生きていたら、食うものなんかなくなってしまうというのと同じことだ。

あと、試験は、みんなが落としていけないところは、絶対に自分も落としてはいけない。受験でいえば、よく聖徳太子の身長は何センチとか、今年の早稲田にはこんなマニアックな問題が出たとか、しょうもないことばっかり言っているヤツや、知って自慢げになっているヤツがいる。そんな問題は、だれもできないし、出ない。だれもできないような問題はできなくていい。捨てておけばいいんだよ。

みんなができるとこをきっちりと落とさず取る。そして、あとプラスアルファで二～三問取れば合格できるようになっている。これが六五％から七〇％のラインだ。

頭の悪いヤツは、その落としてはいけないところをないがしろにしてしまう。そして、どうでもいい三〇％のところを、必死で勉強している。これで合格なんてできるわけがない。

些細な問題にこだわらず、基礎点を確保する

早稲田にはこんな難しい問題が出た。東大ではこんなマニアックなことが出たと、難問に過剰反応して難しいことばかり勉強するのは得策ではありません。過去問を研究するのは良いことですが、その際には、合格するために解けなければならない問題はどれなのか、解けなくても良い問題はどれなのか、ということも同時に分析する目を持つ必要があります。

大学受験に限らず、多くの試験では、合格ラインは六～七割に抑えられています。早稲田大学受験に集まってくる優秀な受験生の点数をこのラインに抑えるためには、極端な難問を混ぜていくしかありません。しかし、もちろんそのような、点数を抑えるための難問は解けなくても、合格ラインは突破することができるわけです。

つまり、早稲田に一度出題されたマニアックな問題とか、慶応に六年前に出た問題とか言っても、そんなのは誰もできていないのです。試験マニアなら別ですが、合格したいだけならば、基礎事項を修得していれば必ず解答できる、点数を取らせ優先順位の設定・取捨選択で決まる！

勉強や仕事が　できる人

基礎事項を修得していれば必ずできる問題を確定して、マニアックな問題で差をつける

勉強や仕事が　できない人

心配になって基礎が固まっていないうちから、反復出現率の低い問題ばかりを優先するから基礎点が確保できない

るための問題を一問も取りこぼさないということが重要です。そこを確実にして、合格ライン上に乗っかってから、マニアックな問題で差をつける勉強へと進めば良いわけです。

過去問対策では、この「学習の順番」がキーポイントになります。

仕事や勉強ができる人とできない人の違いの一つは、「優先順位」の設定です。できない人は心配になり、基礎が固まっていないうちから、反復出現率の低い問題ばかりを優先して学習してしまうのです。これでは、いつまでたっても基礎点が確保できません。

反復出現率の高い問題、つまり簡単な問題ばかりをやっていると、難関校には

受からないという脅し文句がよく使われますが、私に言わせれば、簡単な問題が確実に全部解けない人間が、難関校に受かるわけがありません。

よく「問題が的中した」、とか「単語のヤマが当たった」などと予備校で大騒ぎしていますが、確実に試験に合格する力の養成は、そのような騒ぎとは全く別次元の問題なのです。

試験のときはゆっくり完璧でなく、雑でも七割をめざせ

私のところに、模範的で完璧な解答を毎週持って来ていたのに、なぜか失敗してしまった生徒がいます。

後から敗因を分析してみると、解答速度のせいでした。私も、解答を見ただけでは何分かけて解いたのかはわかりません。実は、この生徒は一つの解答を作るのに何十分も時間をかけてじっくりとやっていたのです。

もちろん、時にはとことん時間をかけて考えるのも大切です。しかし、試験が近づいてきたら、常に「スピード」を意識することを忘れてはなりません。時間をかけて徹底的に解かないと次に進めないのであれば、結局、時間が来てテストの前半だけやって終わりということになりかねません。

試験に限って言えば、丁寧に途中まで解いて中途半端に終わる人より、雑だけれども最後までたどりついた人がいたら、全体としては後者の方が高得点を取ることができます。

試験合格に必要な能力は、ゆっくりと完璧な解答を作成して途中で終わるよりも、多少不満な点や雑な点はあっても、七割くらいは確実に取れる解答をスピーディーに作る力です。

よくある英作文の模範解答というのは、我々のような講師が時間をかけて答えを作り、それをさらにネイティブスピーカーの先生のところに持って行って直してもらう完璧な解答です。つまり、受験生にはほぼ一〇〇％書けない答えなのです。

私は受験生の皆さんには、あえてそのような模範解答を目指して勉強しないように指導しています。まずは細かい部分をはしょってでも、確実に七割取れるシンプルな英作文をスピーディーに書く力の養成が一番大切なのです。

このような考え方は、受験だけでなく、スピードが求められる国際コミュニケーションの場にも通用します。日本ではあまり強調されることがありませんが、勉強に関しても仕事に関しても、「スピードが速い」ということはきわめて重要なスキルの一つなのです。

「取捨選択」と「優先順位の設定」も試験では大変重要です。限られた時間の中で、得点を最大化しようと思うならば当たり前のことですが、わからないものはわからないんだからと、捨てる勇気も必要です。

時間を無駄にするな

バカはよく消しゴムを使う

よく若い予備校講師に聞かれる。

「どうやったら吉野先生のようになれるんですか」

そういうときは、こう答えることにしている。

「黒板に書くときにテキストを持つな。生徒たちに覚えろという前にまずおまえが覚えろ」

オレは地方校に授業をしに行くときも、テキストは持って行かない。テキストがなくても、中味をちゃんと覚えているから授業ができる。

だから、オレはなぜ世の中の人が手帳を持っているのかわからない。仕事で使うヤツもいるだろうが、ほとんど毎日同じサイクルで生活しているヤツまで、せかせか手帳に書いているのはおかしい。夜飲みに行く予定とかまで書いているヤツがいるが、そのぐらい、暗記しろと言いたい。

オレは手帳など持っていない。予定は、いらない紙にちょこちょこっと書いておくだけ。または、頭の中にたたき込んでおく。

また、自分の手帳なのに、消しゴムを使うヤツも信じられない。〈バカはよく消しゴム使う〉という持論が、オレにはある。だって自分の手帳じゃないか。ちょっと間違ったらピッピッとシャープペンやボールペンで線を引けばいいだけの話だろう?

時間のムダと言えば、オレは自分の原稿の直しは、ひらがなで書くことにしている。

理由は明快、速いからだ。自分がわかればいいものの場合は、スピードが命だ。

もちろん、人に提出する論文や原稿のようなものは、漢字も使って普通に書く。

この時間をムダにしない考え方や方法は、勉強にもつながる。ノートをきちっと書いているヤツは、だいたい成績が悪い。ノートをせかせか作っているヒマがあったら、単語を一つでも暗記するほうが、よほど時間のムダをはぶける。

時間を効率良く使うための自分なりの方法を、徹底的に考えてみることだ。

「夢の落書き」に時間を使うな！

受験勉強などをする人の中には、キッチリと学習計画を立てないと気持ちが悪いと言う人もいるかもしれませんが、私に言わせると、スケジュールばかりあれこれ考えているほどムダな時間はありません。

ほとんどの人が、スケジュールを立てたところで、守れたことは今までにないはずです。なのに、さあ始めようという時期が来ると、なぜかスケジュールをあれこれ考えることにばかり時間を費やしてしまうのです。スケジュールを立てること自体は勉強ではありません。しかし、スケジュールを作っただけで何かできるようになった気がしてきます。

私なども、スケジュールを立てると希望的観測が入ってしまい、とんでもないスーパーマンのような仕事量を書き込んでしまいます。

スケジュールは大いなる希望から逆算して作ってしまうものなので、自分の能力とかけ離れて壮大になることが多いのです。

だから、予定を立てているときは、実現できているような気分になり、楽しくて楽しくてしょうがないのです。スケジュールとは、要するに〝夢の落書き〟をしているようなものなのです。

そんなことに一時間とか時間を割いているとしたら、それこそ努力からの逃避にほかなりません。

「シジャキパニダ」という韓国語の格言があります。これは、「何かをスタートしたら、半分の道のりを進んだも同然だ」という意味です。

実現できないスケジュールで夢の落書きをしているよりも、とりあえず一ページ目を開いて、勉強を「始めて」みましょう。

天才をうらやんだって仕方ない

目標に向かって一生懸命やってきた過程が大事

「天才っているんでしょうかね」という質問を、生徒から受けることがある。

「いるんじゃないかな」というのが、オレの答えだ。オレたちがどんなにか苦労して乗り越えてきたカベだって、自動ドアでもあけるように、すっと通ってしまうヤツらが天才だ。

そして、そんなヤツは確かにいる。質問してきた生徒には、こう言ってやる。

「おまえは、天才をうらやましいと思っていないか。オレは全然そう思わないぞ。なぜなら、オレたちが何か目標に向かって一生懸命やってきたその過程を、天才と言われるヤツらは、全く知らないからな。オレは結果よりも過程こそが大事だと思う」

普通の能力の人が時間をかけ、紆余曲折を経て理解することも、天才と呼ばれる人はその過程を経ずにあっという間に理解できてしまう。一つの問題解決に悩み苦しむ時間が無用なのだ。普通の人が味わう苦しみなどない。さっと、答えに到達できる。

つまり、普通の能力の人が苦しんだり喜んだりするのは、問題解決に至るまでに時間がかかるからだ。そこに至るまでの過程を苦しむこともできる。

だから、その結果を得たときの喜びも大きいというわけだ。

頭のいい人は、周りが見えている。周りのことによく気がつく。

自分の置かれている状況がわかっている。たとえば、ジグソーパズルで一つのピースを握りしめて考え込んだりしない。つまり、パズルを見て一瞬で頭の中で全体像を浮かべて整理ができるということだ。

ルービックキューブも、あれは慣れだ。頭の中で組み立てる訓練ができているということだ。一つのピースを穴があくほどにらんで、「これに合うピースはどれなんだろう」とか、立ち止まって考えたりしない。パッと見た瞬間に一瞬に整理できる。

ヤツらは、一つ一つのピースなんか気にしちゃいない。これとこれは合わないけど、このあたりだなと頭の中で組み立てて、さっと実行に移す。

この頭の中で整理する力は、勉強でも大切なことだ。

ノロマな亀はウサギには勝てない

努力は最も大切ですが、誰かが一生懸命勉強しているからといって、すべてが実を結んでいるとは言い切れません。

勉強をしていても時間をムダにしている人は意外と多いのです。勉強というものを突きつめていくと、それは「結果を出す」ということにほかなりません。つまり、定められた時間の中で、やれる量を増やすという結果を出すことが重要になってきます。

一時間で一〇を覚える人と一〇〇を覚える人がいたら、一〇覚える人がいくらコツコツやっていたって、一〇〇を覚える人に勝てるわけがありません。

「ゆっくりコツコツ、マイペース」は、途中で寝てくれるウサギには勝てるかもしれませんが、資格勉強や受験勉強の競争で、寝てくれるウサギはいません。

時間が限られた競争では、ノロマな亀はウサギには絶対に勝てないのです。一時間に学べる量を極限まで増やすこと、つまり仕事を速くすることこそが勉強なのです。

自分が亀だと思う人は、今日からウサギを追い抜くチーターへと自分を改造することを、大きな目標にしてください。

今のスピードに安住しているのではなく、工夫の限りを尽くしてスピードを上げていくのです。

暗記を例にとってみましょう。効率を考えずにただ努力している人は、どんな単語も一率に三〇回書き写したりするのかもしれませんが、人間の記憶というものは浅い部分と深い部分があるのです。うまくそれを利用して、浅い部分を集中攻撃し、たくさん書くようにしましょう。

このような、ちょっとしたことの積み重ねで、学習速度を上げていくわけです。

やり方を考えて、短い時間で最大の効果が出せるように「工夫」することが勉強なのです。

成績が上がった、下がったで一喜一憂しない

一五〇満点で一二〇点を取って喜ばない

「勉強しても成績が上がりません」なんて言っているヤツがいるが、オレから言わせれば、やってないだけだ。また、そのようなヤツは、辛い時期に入っているのではと考えられる。

成績は急激には上がるものではない。勉強をし始めてもいきなりは上がらない。それがしばらく続く。この時期が一番きついのだが、これさえ耐え続けると、あるとき一気に上がっていく。あとは面白いように上がっていく。

成績についても、できるヤツとできないヤツというのは、考え方がまったく違う。できるヤツは、たとえば一五〇満点で一二〇点を取って喜ばない。あとマイナス三〇点をどうしようかと考える。できないヤツに限って、「あそこができた、ここが

できた」って言う。

できるヤツは、「あそこが間違えちゃったよ」みたいなこと言う。そこが違いだ。

古文では「大臣」と書いて、「おとど」と読む。ある大学の試験に行って来た生徒が大喜びで、昨日やった「大臣」が出たと言った。それで、「おまえは何て書いたの」と聞くと、ヤツは自信満々に、「だいじんです」と答えた。

そいつは当然、次の年の春期講習にも坐っていたけど。

あと結論的なことを言えば、受験では問題が的中したとか、あの問題はできましたなんて騒いでいるレベルじゃダメということだ。

下落に過剰反応するとスランプの原因になる

「自分なりに正しいやり方で勉強しているのだが、なぜか成績が伸びない」と言う人がいます。努力の仕方がズレている可能性もありますが、最も考えられるのは、実力は伸び続けているが、まだ試験のレベルにまで到達していないということです。

ＴＯＥＩＣテストの研修で教えていて、よくあることなのですが、本人の実力は明らかに上がっているのに、点数に伸びが反映されません。これは、試験のレベルが高すぎるため、そのレベルに追いつくまで、実力の伸びが数値として反映されないという現象です。

当たり前の話ですが、勉強というのは基礎からやらなくてはいけません。その基礎を学んでいる三カ月、五カ月というのは、成績が上がらない。基礎が身に付いて、模試のレベルに近づいてようやくバンと上がるのです。

多くの人がこの期間に成績が上がらないからと焦ってしまい、邪道に走ったり、努力することをやめてしまいます。

しかし、勉強を始めて一週間や二週間で何とかなるのは自動車免許の試験くらいで、皆さんが目指している資格なり大学なりは、そんなに短期間で何とかなるものではないでしょう。

基礎修得期の数カ月は、とにかく点数のことは意に介さず、基礎固めだけに集中すべきです。

総じて模試などのレベルは高いものなので、基礎を固めそのレベルに達するまでの期間は、実力が伸びていたとしても点数には反映されないものなのです。

その期間を乗り切って一つのラインを越えたとき初めて、点数がドカンと上がるのです。

この期間を越えて成績が上がり始めても、やはり成績というのは安定的に上がっていくものではありません。株価や為替と同じで、上下動を繰り返しながらある方向に進んでいくことが多いのです。

何回かの結果を平均して考えて、成績が上がっているのであれば、何も心配することはありません。ささいな上下動など気にせずに、前向きに勉強を続けましょう。

ちょっとした成績の下落に過剰反応すると、「ダメだ。ダメだ」という意識を自分に刷り込んでしまい、スランプの原因になります。

大きく構えて、「今回は失敗して良かった。この欠点を直せば次は必ず上がるぞ」と、ポジティブに考えるようにしましょう。

環境は自分で作るもの

置かれている状況によく気が付く頭のいい人

周りのことによく気が付く人は頭がいい。自分の置かれている状況がわかっているから。

たとえば、午前中の浪人生の授業のときに、同じ先生が同じテキストを使う。「私大古文A」というテキストだったら、それをオレも使うし、別のクラスで他の先生たちも使っているわけだ。

生徒は基本的に他の授業にもぐってはいけないんだけど、六〇万円とか七〇万円というお金を払っているのだからね。たまたまオレの授業の方がわかりやすいので、もぐってオレの授業を聞きたいなあと思っている生徒もいる。

ところが、そのもぐっている生徒の中には、講師室に来て自分の担当のS先生が近くにいるのにもかかわらず、「吉野先生、ボク、このS先生の授業はダメなんです」なんて言うヤツがいる。もぐって授業に出ているヤツが、そんなことを大きな声で言うことじゃないんだ。

授業にもぐってでも出たければ、小さい声で、

「先生、ちょっと、担当の先生が合わないんで、先生の授業に出てもいいですか。教室を教えてもらえませんか」

と言えば、それでオレはもぐるんだなとわかる。それって、その人間のセンスにつながっていることだと思うんだ。

また、旅行で生徒たち六人ぐらいと伊香保温泉に行ったときのことだ。泊まったホテルの社長さんが、たまたまオレのことを知っていてね。

朝起きたら、そこのおかみさんが「吉野先生ですよね。コーヒーでも一杯飲んでいってくれませんか」と言ってくれたんだ。

いろいろ見物する予定があったから、本当はコーヒーを飲んでいる暇がなかった。でも、親切にそう言ってくれているんだから、飲まないわけにいかないわけじゃないか。

「ちょっと急いでいるんですけど、それじゃあご馳走してください」

「コーヒーと紅茶とどちらがいいですか。コーヒーなら、今すぐできます」

ということで、コーヒーをお願いした。すると、そばにいた生徒の一人が、

「僕、紅茶をお願いします」

と言ったのね。周りの空気も人の気持ちも全く読めない。

こんなヤツって論外だろう?

選択の自由は現代に生まれた特権

「テニスサークルに入ってしまって、周りが勉強しないから僕も勉強できないんです」

このように、大学に入った生徒の中に、周りが勉強しないから自分も勉強できない、と言う人がいます。自分が勉強しないことを環境のせいにする人が多いのは残念です。

勉強だけではなく、仕事においても、「この会社の環境では自分の能力が発揮できない」と言う人も同じです。

そういう人は、環境を作っているのは自分自身だということに気付かないといけません。その環境を選択したのは自分自身なのですから。

テニスサークルに入ったせいで勉強ができないのなら、サークルを辞めればよいのです。

それをしないで周りのせいにするのは、楽だからです。人間は将来が予測できる生ぬるい環境で、努力せずに周りの悪口を言っているときが一番楽なのです。

名大統領、ジョン・F・ケネディは言いました。

Ask not what the country can do for you, ask what you can do for the country.

(国が皆さんのためにできることを問うのではなく、皆さんが国のために何ができるのかを問うてください)。

これは、環境に期待するのではなく、自らがより良い環境を作るために貢献しなければならないという意味です。

環境を自分で変えることができない、というのも「思い込み」です。勉強のための環境は自分で作ることができるのです。

勉強を妨げる悪友との縁は切りましょう。勉強と関係ないものは処分しましょう。

選択の自由は、皆さんが現代に生まれた特権です。すぐに「自分の周りの環境を整備できる人」になりましょう。

海外へ行っても、何とかならない

すぐ、アメリカへ留学したがる勘違い

よく、若いヤツで何かあるとすぐに海外へ、とくにアメリカへ留学したりする勘違いヤローがいる。そんなヤツにハッキリ言ってやる。

「海外へ行けば何とかなるとか思うな！」

「アメリカはおまえなんか待っちゃいない！」

ヤツらはきっと勝手に思っているだろう。

「アメリカに行けば、好きなことが見つかる」

「日本より広大なアメリカなら、オレを認めてくれる」

「アメリカで一発当ててやる。待ってろよ！　アメリカ！」

アメリカはおまえを変えてくれない。そんなヤツは留学したって何も変わらないぞ。

オレには、ハワイに日本人の友だちがたくさんいる。みんなハワイで成功した日系人・ロッキー青木に憧れてやって来て、頑張って成功したヤツらだ。

だが、今ハワイにやって来る日本人学生の八〇%は、日本で何にもやることがなくて、とりあえずやって来るヤツが多いそうだ。アメリカに行けば何とかなると思っているらしい。自分に酔っているか、逃げているとしか思えないバカだ。

ハワイには韓国人も多く渡っている。だが、彼らはそこで将来への見通しが立たないと徴兵されてしまうから、メチャクチャ勉強するし、よく働く。

他力本願の日本人若者のバカとは大違いだ。

海外に行けば何とかなるなんて、甘い考えは今すぐに捨てた方がいい。

そもそも、アメリカは、おまえなんてぜんぜん待っていない。

どうしても行きたいなら、まず、おまえが日本で変わってから行けよ。

自分を変えて欲しいなんて他力本願なヤツがやって来たら、アメリカだって迷惑だよ。

一番大切な自分自身の姿は、今この瞬間にある

勉強ができる人の条件には、「転換の早さ」というものもあります。つまり、こだ

わりすぎないということです。

人間には向き不向きがあります。

私には予備校講師が向いていたようです。もし銀行員になったら、すぐに横領などで捕まっていたかもしれません。

若いうちは何をやっていいかわからないという人がほとんどなので、とにかくいろいろやってみると良いでしょう。それで自分の方向が決まったら、しばらくはそれに賭けてみると良いでしょう。

ただ、ここでも大事なのはスピードです。よく、大学四年間をかけて自分探しをする人がいるようですが、四年もかける必要など全くないと断言します。一年や二年あれば十分です。そうしないと、専門分野のスタートが遅れてしまいます。

卒業して自分のやりたいことを見つけられないので、海外でヒッチハイクなどを続けている人もいますが、大学で四年間も自由に過ごして見つからなかった人が、海外に行ったからといって、何かが見つかるわけがありません。

同じ理由で留学をする人も多いのですが、場所を変えれば何かが起こると過度の期待はしない方がいいでしょう。留学や大学進学などに過度に期待しすぎ、結局ホームシックや五月病に悩まされている人も多いと聞きます。

実は、一番大切な自分自身の姿は、海外や将来属する場所にではなく、今この瞬間にあるのです。今この瞬間を一生懸命見つめて生きることこそが、自分探しの究極の方法なのです。

話がそれましたが、将来の進路選択に関しては、「こだわりを持つ」というのは確かに立派なことかもしれません。しかし、自分には絶対に無理なことを追い求めるというのは、美しいようでいて、失敗をおこしやすいパターンでもあります。

いくらプロ野球選手を目指したい、と言っても、体格的に恵まれない人は、やはり別の人生があると思います。己の力量を素早く知り、自分が何に向いているかを分析する能力も、将来の成功のために重要な力です。

松坂投手は、「夢ではなくて目標を持つ」と発言しました。「目標」は、極限まで努力をすれば達成できる姿のことです。

「夢」ばかり見て楽しむよりは、「目標」に向けて努力することこそが、自分を磨く方法なのです。

第5章

私のすすめる「やる気勉強法」

暗記の方法

記憶のゴールデンタイムに朗読テープを流す

暗記の方法は様々ありますが、私は受験生のとき、山川出版社の世界史の教科書を自分で朗読したテープを作り、それを寝る前に枕元で再生していました。朝起きてすぐに、またその部分を確認すると、ちょっとした時間ですが、かなり記憶を定着させることができます。

科学的な根拠はなく私の推論ですが、私個人の経験では、人間にとって寝る前と、朝起きてすぐの時間が一番、頭に物事が入りやすい〝記憶のゴールデンタイム〟のようです。このようなゴールデンタイムを何もしないで過ごすことほどもったいないことはありません。

皆さんのベッドサイドには、何か勉強する道具はおいてありますか？　トイレのドアの内扉には、何か覚えるものが貼ってありますか？

寝る前と起きてすぐに、少しでもいいので頭の中に入れる習慣をつけましょう。

これはほんの一例ですが、身の回りにあるものをフルに利用して、それぞれが自分自身に合った、オリジナルの暗記方法を見つける努力をしなくてはいけません。何度も言いますが、旺盛な工夫精神が、勉強を成功させるためには重要なのです。よく、講師の授業をずっと聞いていたら、天使が舞い降りてきて、頭に粉でもふりかけてくれ、自動的に能力を身に付けさせてくれると勘違いしている学生もいます。でも私たちは魔法使いではありません。

講師は、大ざっぱに皆さんをガイドしていくことしかできませんから、暗記の方法にしても、ありとあらゆるものを使い、自分自身に合った方法を見つけようと常に工夫し続けることが大切です。

体の箇所を使ってイメージをふくらませる

オレは暗記力には自信がある。それは暗記を効率的に行っているからだと思う。
①体の箇所を使ってイメージをふくらませる

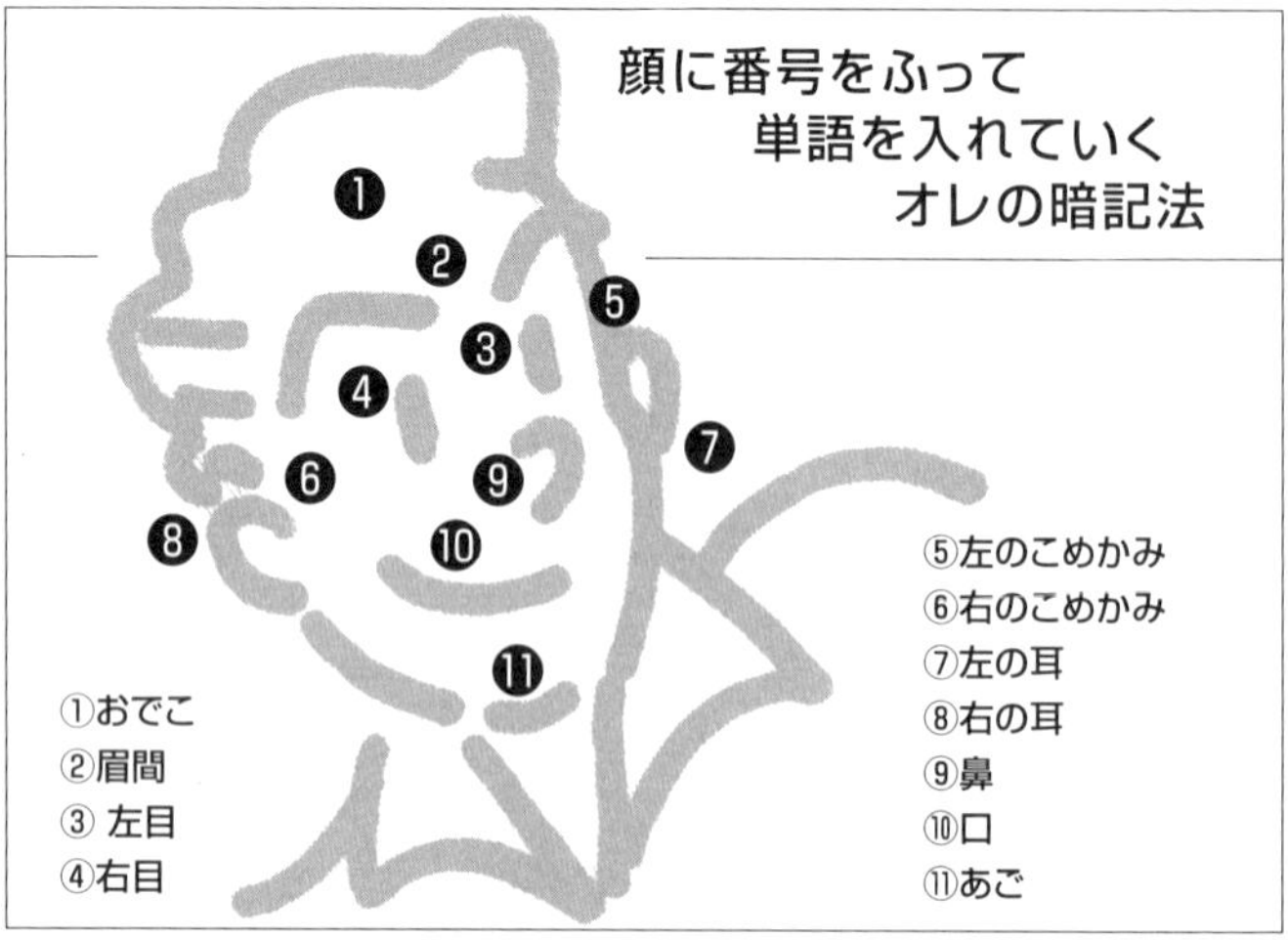

これはあくまでオレ個人の勉強法だが、単語などの暗記で、体の箇所を使ってイメージをふくらませることがある。たとえば、音読した口から顔をのぼって頭のてっぺん、脳に入って行ったか行かないかを確認して、「よしっ、入った」と思ったら次の暗記に行く。

②顔一〇カ所に番号をふって単語を入れていく

顔一〇カ所に番号をふって、その番号に単語などを入れていく方法もいい。

たとえば、二番は眉間、三番は左目、四番は右目などと決めて、覚えた単語をそこに入れていくイメージをする。そこでパッと質問をされても、「あ、あの単語は鼻だな」と記憶をたどるというわけだ。

暗記なんてものは慣れで、腕立てのトレーニングのようなものだ。

すべての分野で使える暗記法

オレは受験勉強を決めたとき、初め何が何だかさっぱりわからなかった。とりあえず、代ゼミの先生が、毎週日曜日に私塾をしていた『ミレー塾』で友だちになったヤツが日本史を取っていたので、日本史を勉強しようと教科書を買った。

そして、初日に一ページ目から一〇ページ目まで三時間くらいかけて暗記することにした。何もわからなかったから、一ページから一〇ページまでを、隅から隅まで暗記すると三時間かかった。

次の日に、一一ページから二〇ページまでひたすら覚えた。それがまた、三時間くらいかかる。

三日目に二一ページから三〇ページまでをまた三時間くらいかけて覚えた。これをつづけていると、四日目くらいになると、だんだんイヤになってくる。

当時の教科書は、三八〇ページくらいあった。三〇ページ暗記しても、あと三五〇ページも残っているわけだから、延々三五日間は同じことを繰り返さなければならないことになる。

すると、四日目くらいになると、めんどうくさくなって、やらなくなってくる。でも七日間くらい経つと、「ヤバいな。やっぱりやらなければな」と思うようになる。八日目にまた、一ページ目からやる。前にやって覚えているから、一〜一〇ページが三時間かかっていたものが、たった三〇分くらいで通過できるようになっている。九日目には、一一ページから二〇ページまで覚えるんだけど、これもまた一回やっているから三〇分で覚えられるわけ。とりあえず、その同日に二一〜三〇ページまで行ってしまおうかと思っちゃう。

一〇日目には三一ページからなわけじゃん。これは未知との遭遇になってくる。そうすると怖くなってくる。

それで、自分に屁理屈を付けて「明日でいいや」なんて言い聞かせちゃって、また、やりたくなくなる。

そんなことを何回も繰り返してやっているから、いつの間にか最初の一ページから三〇ページまでは、異様なほど覚えているんだけど、でも、マンモスとかヤリなんか試験に出ないんだよね。

そこである日、一日かけて真剣に一三〇ページ読むことにしてみた。一冊の教科

書三八〇ページを一三〇で割ると、およそ三日で終了ということになる。

わからないところに固執せず、とばして先に進め

このときからは、オレは読んでいるときに書けない漢字があっても、絶対に漢字の勉強はしない。とにかく、本を読む感覚でどんどん読み進めていくだけだ。わからなくても置いといて、次に進む割りきりが必要だ。

たとえば、朝起きて頭が冴えているときに、五〇ページ程度読む。塾に通う電車の中でまた五〇ページぐらい読む。寝る前に三〇ページ読む。つまり、一気に一三〇ページ読まなくてもいいから、とにかく一日一三〇ページ読むことを決めた。

当然、読めない漢字や意味のわからない漢字があってもパスする。とにかく覚えようというつもりで真剣に読む。三日で日本史の教科書を一冊読むことにした。

それをやったあと四日目に、一ページから一三〇ページまで読んでみると、一回真剣に読んでいるから、二〜三割は覚えているわけ。頭に入っているんだ。オレは三日に一冊読むことを、五〜六回繰り返した。それからは、ガンガン覚えていった。

試験でも同じだ。わからないところに固執せず、とばして先に進んで問題を解け。

たとえば、三問目でわからなくなって、それをず～っと考えて時間がなくなっちゃったということはするな。

三問目ができなかったら、それをとばして次の問題に行った方がいい。

それで、全部終わって時間が余ったら、そのできなかった問題をもう一度考えればいい。

これは英単語を覚えるときにも同じだ。また、古文単語でも同じだ。英単語、古文単語だけでなく、資格を取る勉強も同じだと思う。

今、資格の勉強をしているヤツに言いたいが、ページをめくっても、めくっても、初めて見たり、聞いたりする単語や用語が出てきたら、途中でイヤになって最後まで行かないだろう。

たとえば、英単語を覚えるときに見開きの参考書で、左側に一～一〇個の単語、右側に一一～二〇の単語があるとすれば、当然、次のページには二一～三〇個、三一～四〇個載っているわけだ。

めくっても、めくっても全部知らない単語だったらイヤになるけど、三番は知っているとか、五番は知っているとか、八番は知っているとか、見開き二〇個載っている単語に、四つぐらい知っているだけで、暗記の時間はかなり短縮されるわけだ。

だから、覚えきれなかったら、とばして先へ行け。それを繰り返しているうちに英単語なども身につく。

また、赤本の論述を、受験生が書けると本気で信じているバカには救いがない。赤本というのは、専門の先生や大学院生たちがじっくりと時間をかけて、答えを作った模範的解答だ。

よく「八〇文字で答えよ」という問題があるが、プロのオレたちでさえも書き終わったとき、ピッタリなんてムリだ。ところが、ダメな先生は、「努力すれば赤本の通りに書けるよ」みたいなことを平気で言う。そんなことはできるわけがないだろう。

たとえば「これを入れると字数オーバーなので、ここはいらないから削りましょう。こうまとめましょう」で納得できる生徒は、偏差値七〇以上のヤツらだけだ。オレはわからないヤツを納得させる。わからせるために、「なぜ、ここを削るべきなのか」を、彼らにわかるような言葉で説明する。

そのためにオレは、いつも自分がデキなかったときに戻って説明する。自分も生徒も完璧に納得できる授業を目指す。

そのための予習が、オレにとって大きな仕事になっている。

ちょっとの時間を有効に

駅から駅までの時間でノルマを課して暗記

通訳案内士の試験に出る大量の英単語を、どこで暗記したのかとよく聞かれますが、一番活用したのは電車の中の時間です。

仕事で吉祥寺に行くまでの電車の時間は約一時間半でしたが、まず、家のある駅から乗り換えの東京駅までに二ページやって、東京駅でちょっとジュースを飲んで休んでから、中央線でまた約三〇分の間に二ページ覚えるというように、ちょっと急いでやれば終わるくらいのノルマを課して、ゲーム感覚でやっていました。

今でも、「到着駅までの三〇分でこのコラムを書き上げるぞ」というように、電車の中では自分に制限時間を課して仕事をやるようにしています。

このように、「急ぎグセ」をつけることが非常に大切です。なぜか、電車で急いでやると三〇分で終わる仕事なのに、机の前でくつろいでコーヒーを飲みながらやると、半日かかってしまったなどということがよくあります。

皆さんもこれから、乗換駅までのノルマを、ゲーム感覚で自分に課してみるのはどうでしょうか。

会社などでも、残業に入ってから急ぎますよね。朝九時から五時まではローペースで、六時からペースが上がる。最初から五時に終わらせるつもりで急いでいれば、もうとっくに終わって遊んでいるのかもしれません。

「急ぎグセ」を身に付ければ、仕事の効率を高めることができるのと同時に、束縛されない自由な時間を増やすことにも通じるのです。

電車の中は特にはかどる

オレには受験生のころから自分の机というものがなかった。そのため、どこでも勉強できるという習慣が身についた。特に、はかどったのが電車の中である。

『ミレー塾』のあった市ヶ谷から東京、東京から自宅のあった大船までが五〇分、大船から熱海が一時間、東海道線は日曜だとすいている。熱海まで行き、帰ってくる。その間は日本史をやって、東京から大船は現代文によく出る本を読んだ。電車は時間が決まっているので、集中力を持続させるのにいい。暗記するには絶好の時間だ。

だから、オレは電車の中でボ～ッとしている一〇代、二〇代の若者たちを見ると、不思議でしょうがない。社会人もそうだ。時間がもったいないと思わないのだろうか。

雑誌だって漫画だっていい。この駅からこの駅までの四〇分は仕事しようと決めれば、どんなに効率的か。景色を見ているだけというのは、あまりにも時間のムダだと言いたい。

また飛行機に乗ったら時間の半分は仕事をする。

飛行機でボ～ッとしているヤツもわからない。国内線でも乗っている時間は一時間以上あるだろう。オレは飛行機に乗ったら仕事を半分して、あとは雑誌を読むことにしている。

国際線はもっと仕事は、はかどる。

移動の時間をムダにするなと言いたいのだ。暗記力を高めるにも絶好の場所だ。

場所はどこでもいい

雑音の中で集中力を磨け

自習室とか図書室のような静かな空間でないと勉強できない、という人が多いのが不思議です。静かなところでしか勉強できなかったら、現代社会では、ほとんど勉強する場所がなくなってしまいます。

社会人なんて図書館に行く時間がないのだから、静かな場所でないと勉強できないとなると、勉強する場所を探し求めるばかりで、なかなか勉強が始まりません。

街の中を見渡してみると、勉強する場所がたくさんあることに気が付きます。気持ちのいい日は公園のベンチや芝生の上、雨の日はファストフード店。自分お気に入りの「町中自習室」をたくさん見つけて、それらの場所を移動しながら勉強すると良い気分転換になります。

また、このようなうるさい場所でも勉強できるように、自分の集中力を鍛えることによって、試験中にトラブルが起きても動揺せずに対処することができます。

本当に仕事や勉強に集中している人は、周りが何を話しかけても気が付かないものです。「うるさい」と思うのは、集中力がまだまだ欠如しているからかもしれません。

よく、家が狭くて自分の部屋がないので、うるさくて勉強できないという話を聞きますが、テレビの音がうるさくて気になるというぐらいの集中力では、まだまだです。

ただ、人間の集中力というものは、そんなに長くは続きません。だから、途中でうまく頭を休ませて波を作るのも、集中力を維持するための作戦です。

たとえば、「この単語二〇〇覚えなさい。持ち時間一〇〇分です」と言われ、一〇〇分連続でやっていたら気が滅入るでしょう。

だから、一〇〇分をいくつかのブロックに分けて、集中的にやって休んで、やって休んでを繰り返して、まんべんなくやった方が効率はいいのです。

ラウンドで切って、速くやる癖をつけるのです。そういう集中力のオン、オフをうまく切り替える訓練も、集中力の維持のためには重要です。

朝起きて即、集中して一気にやれば効率が上がる

勉強に場所は関係ない。前に書いたが、オレは受験生のころ、自分の机というものがなかった。中学を卒業したときに、一生勉強することはないと思い、邪魔なので捨てた。

でも、オレはどこでも勉強できるんだ。自宅に書斎はあるが、ほとんど書斎に入らずリビングのテーブルで勉強しており、すぐ横では奥さんがテレビを見ていたりする。

さすがにステレオでガンガン音楽をかけられたりしたら、「若干ボリューム下げてよ」くらいは言うだろうが、雑音は全く気にならない。それに、書斎にとじこもってなんかより、人から見られていた方がなぜか、はかどるのだ。

勉強し始めてから三〇分、そこで一息ついて自分がどれだけその勉強以外の別のことを考えたか、つまり集中力が途切れたかを確認してみるのもいいかもしれない。

自分は集中していたのか、していないのかをチェックするのだ。

もし集中力が切れたら、一度やめてしまってシャッフルする。ボ〜ッと外を眺めたり、深呼吸したりして気持ちを切り替えるのだ。

次の日に何をやるかが決まっている場合、オレは前の晩に、翌朝起きた瞬間から勉強できるように準備万端整えてから寝ることにしている。

つまり、翌朝、顔洗って、歯を磨いた瞬間から仕事ができるようにしておくのだ。

受験生で朝起きて、「今日は何から勉強しようかな」と三〇分ぐらいグダグダしているヤツがいる。これはまったくのムダだ。

たとえば、午前中に集中して一気に勉強するんだったら、朝起きてから、即やらないとダメだ。

個人差もあるだろうが、ちなみに、オレは朝メシも食わない。

代ゼミの講師時代は、七時二〇分に起きて、前の夜に決めておいた服に着替え、髪型をきめて七時四〇分。そのまま出勤して授業にのぞむ。メシなど食ったらヤル気がなくなってしまうし、声が出ない。昼飯まで一気にやってしまいたい。

だから、代ゼミの教壇に立ったこの一六年間、オレは一度も朝飯を食ったことがない。これについては向き不向きはあるだろう。

朝起きてすぐに一番きついこと、その分やりたくないことをやる。そのためには、準備を前日にしておくのはおすすめだ。

前日に準備をしておけば、朝グダグダとしている三〇分、その分は寝られるわけであって、起きる時間が遅くなってもいいし、すぐに勉強にとりかかることができる。集中しなければいけないことを午前中ではなく、昼飯の後、脳がボ～ッとしているときにやるヤツは、本当に頭が悪い。

受験生は「カネのムダ遣い」にはよく気付くが、「時間のムダ遣い」に気付いていない。

勉強したくないとグズグズしながら机に向かっているうちに、一時間、二時間と経っている。教科書とノートを開いて、書いてある字をただ眺めて目だけ追っているだけで、勉強した気になっている。

わからないから、古文の勉強をやめて英語を始め、すぐにつまづいて今度は日本史だ。覚えられないからと言って、また投げ出す。

勉強したくないなら、ムリしてやらなければいい。そんなヤツは勉強なんてする必要はない。目標もなく、やりたくもないことをやって時間をつぶすほど、時間のムダもない。

参考書の使い方

どんな本でも最初から最後までやれば力はつく

　私が若いとき、アメリカに行くことは今ほど身近ではありませんでした。本当にお金がかかりました。当時、空中爆破テロで敬遠されていたのですが、「格安チケット」と言われた大韓航空のソウル経由、ロサンゼルス行きでも一四万円しました。英会話の教材もあまりありませんでしたし、高価でした。

　ところが、現在ではアメリカ行きの「格安チケット」は三、四万円なんていうものまでありますし、短期留学も手軽に行けます。さらに、英会話学校も増え、教材も安くて質のいいものが多く揃っています。

　にもかかわらず、日本人全体の英語力は落ちているという話を聞きます。私なりにこの理由を推測してみると、良質の教材が安く手に入りすぎるために、一つ一つの教材に対するありがたみがなくなっているからではないかと思います。

私が大学生の頃は、今のように英語の教材は安くなく、資格試験用のカセットテープが五千円以上することもありました。いろんなものを節約して購入したあこがれのカセットテープですから、絶対に何度もやって元を取ってやろうという気持ちがあったわけです。

今では、次から次へと新しい参考書を買って、「これは合わない」とか「わかりづらい」と難癖をつけてすぐにやめてしまう人も多いようです。

一〇〇パーセント自分の思い通りに書いてある参考書などあるはずはないので、これでは、いつまで経っても最後のページまでやり抜くことができるはずはありません。

どんな本でも、最初から最後までやれば力はつきます。「勉強が下手な人」は、参考書をたくさん持っている傾向があるようです。たくさん買ってきて、並べて頭が良くなったような気になる。これではいけません。

情報があふれた時代であるからこそ、「絞り込んで集中する能力」が求められるのです。情報が限られていた時代に遡り、ハングリー精神を身に付ける。

情報が無限に手に入る時代だからこそ、あえて情報量を絞り、暗記効率を高めるという戦略が必要なのです。

お金を出してスクールに通っている人は、まずはそのスクールの教科書に絞り込み、それを完全にマスターすることに全力を注ぎましょう。

予備校で教えていると、授業やテキストの中で「英文法」をほぼ完全に教えているにもかかわらず、同じことを何冊もの参考書で勉強しようとしている人を見かけます。これは一見頑張っているようで、たいへん効率の悪い学習法なのです。

スクールに通っている人は、本屋でその分野の参考書を物色しない、というのを鉄則にしましょう。

読解力・理解力がすべての基本だ

英語にしても、何にしても、基本的には国語力だ。国語力というのは、読解力と理解力ということだ。それがすべての基本になってくるわけ。

英語を覚える前に、日本人なんだからまず、国語力を付けようよ。でなかったら、何やってもダメだと思う。

オレは英語の先生じゃないけど、英語でも自分の書いていることがわからなければ、採点者もわからないわけ。

また、本を読むということについては、精神力も付いてくる。今のヤツらは、途中まで読んで、あとやめたというような人が多すぎる。バカなヤツに限って、たくさん参考書を持っている。その参考書を初めだけチョコッとやって、後は机に並べて置くだけで頭が良くなった気がしている。それじゃ、いつまで経っても頭に入らない。

たとえば、自分が株にちょっと興味があるというとき、まず、株の本を一回ドーッと初めから終わりまで読んじゃうわけ。一回ずつわからないところで立ち止まらないで、つづけて読んでしまう。

次に、もう一回読むときに、一回読んでいるから少しは頭に入っている。あとは、オレの日本史の暗記法と同じようにやっていけばいいだけなんだ。

また、何か資格を取らなければならないことが出てくるだろう。

「これは全く自分に興味がない。だけど、会社に資格を取らなかったら出世できないぞって言われたんだ」

となると、どうしても資格を取るための勉強をやらざるを得ないわけだ。

そんなときに、キライなものを一ページ、一ページってやったら辛いだけだ。

だから遠回りに思うかもしれないが、一番速い方法として、まず、一回通して読むことだ。で、ある程度のところまで理解したら、また一ページからやっていく。これはすごく有効だと思うよ。

前に書いたようにオレは日本史でこの方法を使ったが、今でもいろいろなところで、この方法を応用している。オレの日本史暗記法は、何にでも使えるんだ。

たとえば、イタリア旅行をするときに、イタリアの本を買ったりするじゃない。まずは、それをバ～ッと読んじゃって、あとは巻末のインデックスを見て、本文と照合しながら読んで理解していく。

行くところから見ていく。行かないところを、どんなにチェックしても意味ないじゃない。それをやっていくと頭に入る。これだって要は、読解力だよね。

よく、成績が上がらないのを参考書のせいにしているヤツがいるが、それは結局、自分が理解していないからだ。読解力がないからわからないだけで、参考書のせいじゃない。

自分に読解力がないから、「あの参考書がいい」とか「参考書が悪い」とか言う。まずは、一回最後までやってみろ。結論は必ず出るから。

ノート作り

ノートを作品にするな！

努力と一言で言うけれど、実は本当の努力と、〝なんちゃって努力〟があります。端から見ると努力しているように見えるけれども、実は全く努力していないという場合があります。そのことが典型的に現れるのが、ノート作りに対する考え方です。

授業でも時に、一番前に坐って、ガリ勉スタイルで、いかにも「勉強やってます」みたいな生徒がすごく几帳面にノートをとっていることがあります。間違いを訂正すると、修正ペンできれいに直す。参考書として出版してもいいような素晴らしいノートを作ります。でも、そういう生徒に限って、成績が悪いのです。

定規を使ってきれいに線を引いたり、表を作って三色マーカーで色分けするのが大好き。私からすればどうでもいいことを、几帳面に三色で分けたりするのです。

このような学生は、学校の先生に褒められることが努力だと思っている場合が多いのです。学校の成績が良くても、通信簿が良くても、実力試験では力が発揮できない。そのようなタイプの学生は「ノートという作品を作ること」を努力だと勘違いしている節があります。

勉強とは「脳を鍛えること」であって、「作品を作ること」ではありません。頭の中にぶち込んだものだけが実力として評価されるのだと考えれば、覚えること以外はノートに書かず、書いたことはすべて覚えるようにするのが得策です。

捨てられない一冊のノートを作れ！

オレには、「これだけは、何があっても捨てられない！」というノートがある。

実は、オレは受験のとき、古文よりも現代文の方が得意だった。現代文の試験で、高得点の秘密がこのノートなのだ。何か特別なことが書いてあったり、参考書みたいにきれいにまとめたものではない。

朝日新聞の社説を毎日読んで、それを写しただけのノートだ。毎日二時間を四カ月やりとげた。

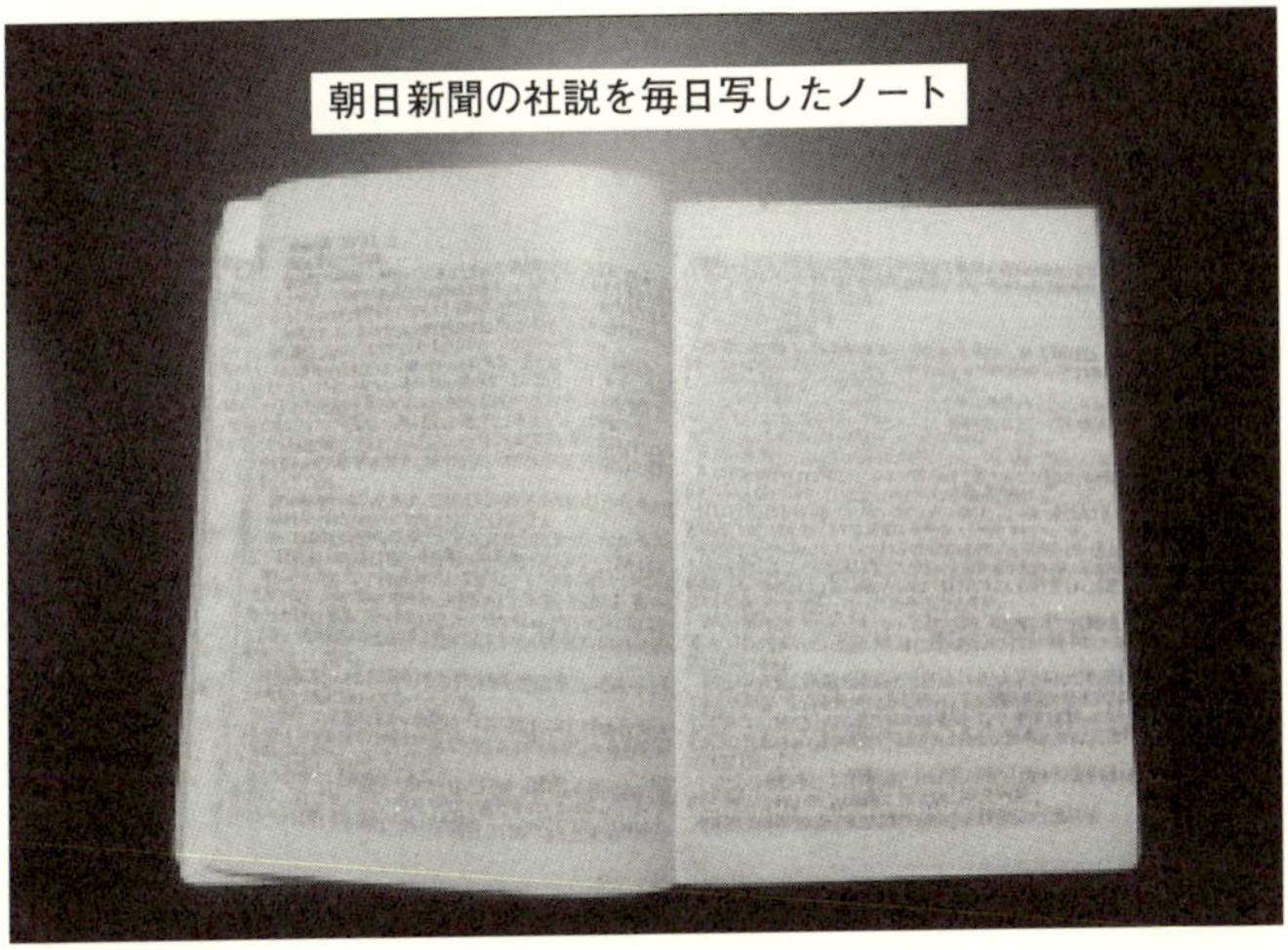

朝日新聞の社説を毎日写したノート

受験勉強を決意したのが九月二〇日で、すぐ二三日に模試を受けた。そのとき、現代文が全くわかんなかった。「何が書いてあるのか、全くわかんない。日本語じゃないみたい」と思った。オレだけじゃなくて現代文ができないヤツって同じ気持ちだろうと思う。

模試が終わった後、だれかから「朝日新聞の社説が入試によく出る」と聞いていた。オレの頭にそれが入っていたんだ。確かに、社説はできがいい悪いは別として入試にまあまあ出る。

現代文というのは、書いてあることが全部わかればできるのよ。

中にはテクニック的なこともあるけど、それは後から身に付ければいいことであって、書いてあることが完璧に理解できればできるわけよ。

たとえば、「桃太郎」を読んで読み終わったときに、「あれっ？　桃というのは川から流れて来たんだっけ。湖だっけ。海だったたっけ」と悩むヤツは、中高生、大学生ではいない。なぜって、自分のレベルよりも下のものを読んでいるから、悩んだりしない。

だから、自分がいつも読んでいるレベルの文章が現代文で出れば、それを解くときに「ああ、オレがいつも読んでいる文章と同じレベルの文章だな」となって、できるわけ。

ところが、オレが朝日新聞の社説を初めて読んだとき、三〇分間何にも理解できなかった。それでオレはそれをノートに写そうと思った。だれが採点してくれるってわけじゃないんだけど、写しているときにまとめてみようと、ふっと思った。

そしたら、だんだん理解してきて、みるみる成績が上がって行って、生まれて初めて書いた小論文が全国で三番だった。だれからも小論文を教えてもらったわけじゃないんだよ。

結果として、これはオレの現代文の勉強にはかなり有効だった。みんなもやってみるだけの価値があると思う。何か一つでもやり遂げた、続けたというノートは捨てられない。そんなノートを一冊でもいいから作ってみることだ。

その継続が、絶対に力になって身につくはずだ。

思いついたアイデアはすぐに書き留めておけ

オレは寝るときに、鉛筆とほんのちょっとしたメモ用紙を枕元に置いている。寝ている間に、パッとアイデアが浮かんだとき、それをすぐに書き留められるようにしている。

どこかに出かけるときも、手帳は持っていないけど、鉛筆とメモ用紙だけは必ず持って出かける。何か思いついたときにすぐに書けるようにしている。

昔、夢日記をやったこともある。朝起きてすぐに、昨夜見た夢をパッと書き出すのだ。これも暗記と同じで、続けていくうちに思い出す夢の数がどんどん増えていく。毎日やっていると、あるとき五つぐらいを思い出すことができた。まあ目が覚めて一〇分もすれば、みんな忘れてしまうのだが。このように、オレはふと思い浮かんだことを書き留める習慣がある。ネタ帳のように、いろんなことを書き込んでいる。

何から始めるか

嫌いな科目からやってしまおう！

もし目の前に、ワカメとレタスとハンバーグがあったら、ハンバーグを先に食べないことです。ワカメやレタスが先です。つまり、おいしくないものから先に食べるのです。ハンバーグで満腹になった後に、レタスやワカメにはなかなか魅力を感じません。

一方で、ワカメやレタスで多少腹がふくれても、大好きなハンバーグは食べることができるでしょう。勉強する科目の順番を決める場合も、このような方法でやります。

古文が苦手なら、古文をまず最初にやるのです。好きな科目は、時間が遅くてもやることができます。古文を最後に残したら、眠くなってやらないでしょう。好きなものは苦にならない。最後に残っても何とかやれるのです。

だから、朝起きて頭が冴えているうちに、嫌いな科目からやってしまいましょう。

ちょっと他力本願な方法ですが、他人を利用して苦手教科を得意教科に変える方法もあります。

科目の好き嫌いは、教わる教師によって大きく左右されることがあります。ネクラな英語の先生がどれだけいい教え方をしても、英語まで嫌いになってしまいます。英語を学んでいるときに楽しいことが起こっていると、パブロフの犬ではありませんが、英語そのものが好きだという気持ちにだんだんなってくるのです。

だから、特に苦手教科に関しては、魅力的な先生を捜してみると良いでしょう。面白い先生がいて、周りが授業中ゲラゲラ笑っている。授業が楽しいから、だんだんその先生が好きになり、科目に魅了され、大学に入ってもその科目の勉強を続けるようになる。

このようにして、「出会い」を通じて苦手教科が得意教科になるということがよくあります。最終的な目標は、自主的にその教科の勉強ができるようになることですが、「きっかけ作り」に関しては、他力本願でも構いません。

できそうな学科、好きな学科から一個ずつ潰していけ

オレという存在がなぜ予備校で目立つかと言えば、オレは勉強ができなかったからだ。だから、勉強のできないヤツの気持ちがわかる。また、勉強できないヤツが、「きっとここがわかんないんだろうな」と、手に取るようにわかる。

生徒たちは、不思議そうな顔をしてオレに聞く。

「先生、何で僕らがわかんないってところがわかるんですか」

それがわからないと、予備校講師なんてできない。つまり、オレたち講師は、何を語るかじゃなくて、どう語るかということをつねに頭に入れて授業を組み立てて行かないといけない。生徒がわからないところを、どう語ったら理解させることができるか、それがその道のプロだということだと思う。

オレは受験生のときに、国語、日本史、英語が入試科目だったわけだが、四カ月だけの準備期間では結局、英語までたどりつけなかった。好きになったものから得意なものにしていったら、ニガ手な科目まで到達することができなかった。

でも、オレはそれでもいいと思う。全部をまんべんなくやっていたとすれば、多分、キツくなってやめてしまっていただろう。

だから、できそうな科目、好きな科目から始めるのはいいことだ。

まず、取っ掛かりをつかむことだ。現代文・古文・漢文・小論文・日本史の家庭教師をやっていたとき、生徒に「この中で、どれが好きだ？」と聞くと、「どれも好きじゃない」と言う生徒は結構いた。そう言うときには必ず、オレはこう言った。「じゃあ、古文をやってみようぜ。それで好きになってきたら、次に何をヤルかを考えようよ」

できないヤツは日本史も英語も、国語もすべてやって、すべてが中途半端なんだ。そうじゃなくて、何か一つの科目を好きになって次の科目に行っていいじゃんという考え方なわけよ。

「じゃあ、古文からやってみようぜ」とオレが言うと、できないヤツは必ず言うのよ。

「そんな古文だけやっていて、いいんですか？」って。「じゃあ、漢文からやろうぜ」って言うと、「でも、漢文なんか一〇〇点満点の二〇〇点分じゃないですか。そんな二〇〇点分からやっていいんですか」って言う。

日本史でも、「どの人物が好き？」って聞くと、「織田信長です」って答えるとするじゃない。「じゃあ、安土桃山時代からやろうぜ」と言うと、「そんなもん、一番出ないところじゃないですか」って言う。

　できないヤツっていうのは、不思議なんだよね。一気に全部できなきゃいけないと思っているわけ。一気に全部できるってことは、絶対ないわけよ。一つ、一つ潰すしかない。英語の単語や古文単語もそうなんだよね。

「じゃあ、まず、動詞と名詞を覚えようか」って言うじゃない。オレの持論なんだけど、形容詞とか形容動詞って出るんだけど、名詞と動詞をきちっと押さえておけば、ある程度類推できる。「じゃあ、とりあえず、今日は動詞を覚えようぜ」って言うと、「形容詞覚えなくていいんですか」とか言う。

だんだんできてきたから、今度は名詞を覚えようとすると、「形容動詞はいいんですか」とくる。できないヤツは、必ずそう聞いてくる。

　オレにすると「おまえはできないんだから、またキラいになっちゃうから、一個ずつ覚えればいい」って言ってるの。

こんな方法でやれば勉強の取っかかりをつかめる

やる気を自分に付けるには、いろいろな方法がある。

①あれもこれもでなく、一つだけでも完璧にしろ

とにかく、何か取っかかりをつかむことだ。

オレも受験のとき、英語の取っかかりがつかめなかった。文法、単語、訳文、アクセントも、と何もかもやらなければいけないことだらけで、そんなのムリと思った。

でも、あのとき、もし英単語だけでも完璧にしていれば、次に文法に行けたかもしれないし、アクセントに行けたかもしれない。

②一番出るものからやって行く

これは絶対有効だと思うのは、一番出るものからやって行くことだ。

日本史ならば、今は昭和史から平成までが出ると思う。オレたちのころは、昭和の時代に受験しているから、一〇校受けると九校の大学で昭和史を聞くのよ。だったら、そこから行く。一番出るところからやって、そこを完璧にしてから次に出る

やる気を自分につける方法

1 あれもこれもでなく、ひとつだけでも完璧にする

2 一番出るものからやっていく

3 一番出るところから潰していく

4 好きな講師のいる授業から始める

ところをつぶしていく。

③一番出るところから潰していく

何かの資格を取るときに、まず、最初にバ〜ッと一回読む。そしてもし、周りに受かった人がいたら「最低、どこを押さえておかなければいけないんですか」と聞いてみるわけ。または、「ここが一番出ます」みたいな参考書があるわけじゃない。そこから潰していくということだね。そこを潰してから、次の箇所に進む。

④好きな講師のいる授業から始める

好きな講師のいる授業から始めてもいい。オレは一時期、古文ではなく「吉野」という科目そのものになっていたことがある。生徒たちの会話でもこんな調子だ。

「おまえ、次、何の授業？」

「オレは英語。おまえは？」

「オレ、次は吉野」

つまり、古文そのものが好きでなくても、その時間を楽しく愉快に過ごせるだけでいいんだ。最初は面白おかしく「吉野」の授業に出ても、やって行くうちに古文に慣れて、得意になっていけばいい。勉強とはそんなもんだ。

これらの方法をつかんでおくと、臨機応変にいろいろなことに応用できる。

たとえば、新聞を読むときにも、全部読むようにしているけど、忙しくて読めないときってあるじゃない。そのときは、必ずオレは一面を読む。あとは「今日の出来事」みたいな社会面を読む。時間のないときには、最低押さえておくべき紙面だけに目を通す。

今の受験生は、新聞も読んでいない。ネットやテレビのニュースがあるので新聞を取らないヤツも多いという。

でも、受験生なら、朝起きて新聞ぐらいは読めよ！

イヤな科目をどうする

頭をダマしてでも、勉強を面白がれ！

すべての勉強が面白いものであるとは限りません。「面白くないなあ」と思いながら勉強していると、当然ながら学習効果は大きく下がってしまいます。

勉強は面白くない、嫌だと思ってしまうと、脳が吸収を拒絶しますが、ワクワクして勉強していれば、同じ時間やったとしても、不思議と頭に入ってきます。

だから、自分の脳をダマしてでも、その課目に対しての興味を喚起し、気持ちに高揚感を持たせることが重要です。たとえば、英語でも古文でも、どうせやるならつまらない文章より、面白い文章を勉強するといいでしょう。

古文にはちょっとエッチな文章もありますから、そんなものから先にやってみるのも手かもしれません。多少不純な動機でも、それで科目自体に対する興味を育むことができたならばしめたものです。

ある教科が嫌いになってしまう原因として、最初から難しいものばかりやるということが挙げられます。苦手教科を好きになるには、目標のレベルより数ランク下げて、すでに五割から七割わかっているところから始めるのが良いでしょう。

そのレベルから始めると、わからない部分を埋めてやろうという征服欲が出てきます。

どんな科目にも面白いところがある

どんな科目にも意味はあるし、面白いところはある。オレの専門分野で言わせてもらえば、古文がキライという人はまず、「古文常識」から勉強してみればいい。たとえば、平安時代の一夫多妻制から勉強するのも面白いし、雑学的にもかなりタメになる。

今ふと思い出したが、たとえば、古文で能（演劇）のことを「芝居」と言うが、これは当時、庶民は能を芝生の上で見ていたからで、それが芝居に変わっていった。

または、小野小町が百人一首のカルタで後ろを向いているのは、あまりにも美しすぎて絵に表現できなかったことを現わしている。そういううんちくというのは楽しいものだ。

オレは別に菖蒲湯にも入らないような人間だが、菖蒲湯という五月五日の子供の日の節句に、菖蒲の葉を風呂に入れて邪気を払うという日本の風習だ。そんなことを覚えておくなど、外国人に一般的な日本の風習を説明できるヤツになってほしいね。

京都に行って、「葵祭って、何それ」と言うような日本人にだけはなりたくないね。オレは古文を教えているが、実は漢文も好きなんだ。漢文を勉強すると、昔の人はいいことを言っているなってわかる。たとえば、誰でも知ってる「学問に王道なし」とかね。

もちろん、入試に出るからこそ受験勉強というものはやる。でも、勉強すればある程度の単語、文法などが身に付くんだから、入試が終わってからも、そこから派生して語源なんかをつきつめていくと、すごく面白くなるということは忘れないでほしい。

スピードは実力である

短時間のラウンドで次々に脳にパンチを繰り出す

勉強量とは、時間ではなく、脳に入れた情報の量なのです。だから、効率的に勉強をするということは、思い切り脳に刺激を与え、多くの情報をたたき込むということなのです。

一見、机についてまじめに勉強しているようでも、手は教科書を写しているのに、実は「今日これから何食おうかな」なんて全く別のことを考えている人が、自称勉強家の中にもたくさんいます。時には形から入るのも重要なことですが、形を作ってしまい、安住しているわけです。

予備校生などの勉強時間は、一日一〇時間を越えるような場合も多いのですが、一〇時間も脳を刺激し続けフル回転させるのはさすがに無理でしょう。

一言で「勉強」と言っても、「暗記」「思考」「理解」「訓練」など、やることは多岐に渡ります。だから、これらをうまく織り交ぜながら、一日の勉強の中で波を作ってやればよいのです。

ずっと考えてばかりいると、もう頭が働かなくなってボーッとしてしまうこともあります。このような場合には、学習の種類を「暗記」や「訓練」に切り替えてみたり、手を動かしたり、口を動かして音読してみたり、脳が休まないように別の種類の刺激を与えると良いでしょう。

短時間のラウンドに分けて、次々に脳にパンチを繰り出すわけです。活性化させたり、休ませたり、びっくりさせたり。

たとえば、三〇分間、わきめもふらずに集中して勉強したら、ジュースを飲む、など自分の中にご褒美を作るというのも有効です。

勉強の中にも多少は、それ自体は暗記にも訓練にもならないカードを作ったりという作業が含まれますが、どうしてもそれ以上頭が働かないというときは、そのような作業をすれば良いでしょう。

「三〇分集中法」でランナーズ・ハイを目指せ

人間の集中力には限界がある。とくに暗記の場合オレは、「三〇分集中法」をすすめる。

単語を覚えるにしても、一時間同じことをやっているのでは疲れてしまう。

そこでまず、三〇分間、とにかく必死に集中する。その後、疲れたら五分休憩してまた三〇分やる。それを繰り返すだけでも、本気でやっていたらグッタリしてしまう。勉強というのは緊張感を持った方がいい。極度の緊張感を持ってやるほど、集中力は高まるものだ。

Ｆ１レーサーを見ていると、彼らは時速三〇〇キロという猛スピードでカーブを曲がっているとき、「今日はカツ丼食おう」とかは絶対に考えたりしないだろう。オレたちで言えば、授業しているときに「今日の昼飯は何にしよう」とか「授業終わってからどこに飲みに行こう」とは、絶対に考えない。

そのようなランナーズ・ハイ状態まで到達すれば、集中力もとぎれることはない。

「ランナーズ・ハイ」というのは、マラソンやジョギングなどで、走り始めたときはやたらに苦しいけど、それでも走っているうちに気分が爽快になってくるという現象のことを言う。

人間の脳が強い痛みやストレスを察知したとき、脳下垂体から麻薬物質が出て、痛みやストレスをやわらげる作用をするが、これを集中力アップのために応用するわけだ。

ランナーズ・ハイが起これば、いくらでも勉強することができる。オレが一日平均二〇時間勉強していたときは、まさしくそうだった。限界まで勉強して体もすごく疲れたが、満足感があってグッスリと眠りにつけた。極度の緊張感は集中力と持続力を生む。

ぜんぜん集中力がつかず、何をやっても中途半端なヤツは、この勉強法、ランナーズ・ハイ状態を目指してやってみる方がいい。

「つめ込み」がいい

本当に覚えたいことは、あえて書かない

実は、予備校講師が教える内容は、毎年それほど大きく変わるわけではありません。

新人の講師は、自分の授業のため予習をしているのですが、気がつくと一〇年間ずっと毎回の授業の予習をしている人がいます。そのような人に限って、予習ノートがすごくきれいです。授業前に、話す雑談まで書き込んでいるのです。

最初のうちは、たしかにそれでいいかもしれません。でも、教える内容はそんなに変わらないのだから、一度、すべて覚えてしまえば良いのです。そうすれば、毎回毎回予習しなくても、もっと他の大事な準備に時間が使えます。

ベテランの講師のテキストはだいたい白紙です。すべてを頭に入れるように努力してているので、書かなくても授業ができるわけです。

また、何も情報を持たずに授業をするという背水の陣を引くことで、忘れてはならないというプレッシャーを自分に与え続けることができます。書き留めるというのは、忘れることを正当化していることになるのです。

映画『インディ・ジョーンズ　最後の聖戦』で、ショーン・コネリー演じるお父さんが、聖杯のありかのヒントを手帳の中に書き込んでいるのですが、それをナチスに盗まれてしまう。息子のインディに、手帳の中に書いてあるのだから覚えているでしょ、と問いつめられたお父さんは言います。

「覚えなくていいように、手帳に書いたんだ」

このジョークこそ、ノート作りの本質をついています。忘れないようにするには、あえて書かないというのも一つの方法なのです。ノートに書き留めたことで安心してしまっては、頭は良くなりません。

ノートに書いた場合でも、このノートにはいつ火をつけてもいい、というくらいの覚悟で、いつもノートの中身を覚えましょう。

とにかく語学は「つめ込み教育」で繰り返すだけ

資格試験とかを受けるために勉強しているヤツが、「年をとって、なかなか覚えることができなくなった」とかよく言っているけど、そんなのは笑っちゃうね。それは根本的には、年齢のせいとかではなく、やり方が違うんだ。中学時代に単語一〇〇覚えられなかったヤツが四〇歳になって覚えられるわけない。

暗記というのは訓練だ。オレは今でも訓練している。体で何度も覚えさせるだけだ。

親がまだしゃべれない赤ん坊に、言葉を教えるとき、どうする？

「はい、ママよ。ママ、ママって言ってごらん」

「ママ」の意味なんて関係ない。ただ、繰り返すだけだ。何度も何度も繰り返す。それでいつの間にか「ママ」という言葉がしゃべれるようになるのだ。つまり、つめ込みだ。

英語などの語学では、この「つめ込み教育」を否定してしまったら、ほかにどんな方法があるのか、教えてもらいたいほどだ。

子どもを外に遊びにやらず、友だちにも会わせず、机に縛り付けてひたすら書き取りをさせるような「つめ込み教育」は良くない。でも、大人の教育、特に語学などの場合には、「つめ込み教育」は効果を発揮する。年をとって記憶力が落ちたというのなら、すぐに「つめ込み」の訓練を始めなくてはならない。

睡眠時間は

昼間の時間を有効に使って睡眠を削らない

睡眠についてはいろいろな考え方があると思いますが、私個人は、睡眠は絶対に八時間はとるようにしています。仕事柄、どうしても早寝早起きというわけにはいきませんが、分割してでも睡眠の時間をキープして、起きているときに頭が働くようにしています。

超多忙なビジネスマンや現役高校生は、多少睡眠時間を短縮するのも仕方がないのかもしれませんが、大学生や浪人生は、睡眠時間を削る必要など全くありません。八時間睡眠をとったとしても、まだ一六時間残っています。これだけの時間があってもできない人が、睡眠を二時間削って時間を増やしたところで、できるとは思えません。

こういう人は、時間を増やすことではなくて、時間の使い方に目を向ける必要があるのです。

遅く起きて昼間ダラダラしている人に限って、自分は夜型だからなどと変な言い訳をして、遅くまで起きていることがあります。昼を怠惰に過ごし、夜九時ごろになると反省し、慌てて机に向かって二時、三時になってしまう。

しかし人間の脳は、基本的に昼間に働くようにできているので、効率が下がり、量がこなせなくなってしまいます。

勉強が得意な人は、昼間の時間を大切に使います。「夜に睡眠を削って勉強しています」と言う学生に限って、昼間ダラダラと他の生徒と会話し、タバコを吸ったりして過ごしています。

先にも述べたとおり、勉強はやった時間数よりも「時間対効果」が重要です。やれる時間が少なければ、すべての動作を速く行う癖を付けることが大切なのです。自宅から駅まで二〇分かけて歩いている人は、歩くスピードを上げて一五分で歩くようにすれば、五分間の時間が生まれます。毎朝電車で三〇分何もやってなかった人は、そこで何かを勉強するように習慣づければさらに三〇分の時間が生まれるわけです。

最低八時間は寝ないと、いい仕事はできない

オレは睡眠をしっかりとる。最低八時間は寝ないと、いい仕事はできない。睡眠薬とか酒飲んで眠りたくないから、自然体で眠る態勢にもっていくため、夜一一時以降は携帯電話をオフにしておく。ボ～ッとしているところで電話がかかってきて、がんがん話してしまうと、睡眠モードが邪魔されてしまうからだ。

ただ、受験生のときはなかなか寝られなかった。何せ四カ月しかないから、朝起きて今日は江戸時代を完璧にするまで寝ないとか、心に決めてやっていたから、いつまで経っても寝られなかった。

そういうとき、オレは「一〇分間睡眠」をとるようにしていた。ソファなんかに坐って、体中の力を抜いてダラッとする。寝ているか寝ていないかみたいな、何も考えないフワッとした状態で一〇分間過ごすと、すごくいい気分になる。

頭もシャキッと冴えてくる。一時間も寝てしまったら、逆に頭がボ～ッとしてしまう。

今でも昼メシの後、ちょっと寝たりする。代ゼミ時代は、授業の後、他の仕事は一切しないことにしていたんだが、どうしても原稿依頼などがあり、夜ふかししなくてはいけなくなる。そんなときは、昼間のうちに睡眠をとっておくようにしている。

これはなかなかおススメだ。

第6章

挫折は成功のためのステップ

悔しさと恐怖をバネに

格好悪い、恥ずかしいでスイッチが切り替わった

私は受験生のとき、一日一二時間以上勉強していたこともあります。私も最初からそうだったわけではなく、スイッチの切り替えのきっかけは挫折です。九州の大学の英語学科を目指していたのに失敗し、そのときに感じた格好悪い、恥ずかしい、という悔しさがバネになったのです。

私の場合、この挫折が一年間勉強をやり抜くチカラを生みました。このように、挫折がきっかけで頑張れる人も多いのです。だから、「失敗は成功のもと」という格言もウソではありません。もし、現役で大学に落ちて、悔しい思いをしている人がいたら、それは自分が成功するためのステップだ、と考えてもらいたいと思います。

人間の真価というのは、絶好調のときではなく、失敗したときにどう振る舞うかで決まるのです。大学受験で失敗したからと勉強をやめてしまう人間と、その悔しさをバネにしてやる人間。どちらが将来成功するかは言うまでもありません。

一生懸命やっても失敗することはあります。そこで塞ぎ込まないで、これは神様が一年浪人しろと言っている、と思うのも一つの挫折克服法です。

「ここで失敗した方がオレの人生はうまくいく」

そう自分に言い聞かせて、〝明日からオレの人生バラ色だ〟と前向きに未来に向かって行ける人こそが、長い目で見た成功者ではないでしょうか。

怠けていると昔からダメだったオレに戻っちゃうんじゃないか

サラリーマンならば、たとえ残業があっても、会社から一歩外に出れば、とりあえず仕事からは解放される。予備校講師もサラリーマンのようなもので、授業を終えればあとは気楽なものだと思う人がいるかもしれない。でも、この辺はちょっと違うところだ。

オレにとっては、予備校で教える九〇分の授業は、オレの仕事のほんの一部分で、むしろ、予習やテキスト作りの方に時間をかける。授業は積み上げた準備の総合を一気に燃焼させ、そこから次の課題を見つけ出す場所でもあるのだ。予習やテキスト作りで手を抜いてしまったら、いくら気合いを入れて頑張っても、授業で完全燃焼できない。

その授業のために、たとえばその年の最新問題をやるとき、オレの場合はまず一〇分で解く。そのあと、どういうふうにわかりやすく教えるかという予習を、最低でも二時間はやっている。納得いくまでやるオレのやり方は、受験時代と全く変わっていない。どうやって教えれば生徒たちに完璧に理解させられるか。それを徹底的に細かく詰めていく。

だから、常時、すごい緊張感を持って働いている。最終講義が終わった次の日になると、それまでは風邪をひいたり体調を崩すことはないのに、なぜかいきなり体調を崩すことがある。

それぐらい気を張って働いているのだ。

休みになると、年に二回オレはハワイに行く。そして必ず、『ハレクラニ』という名門ホテルの、決まった同じ部屋に泊まることにしている。そこでふと思う。

「いつかはここに泊まれなくなるんだろうなぁ」

と。だからこそ、オレは来年またハレクラニに泊まるために、がむしゃらに頑張ることができる。つまり、恐怖心だ。怠けていると昔のダメだったオレに戻っちゃうんじゃないのかなという恐怖。これはみんなにも必要だ。

人間は怠けると、昔のバカな自分に簡単に戻ってしまうものだ。落ちるのは簡単だよ。恐怖感を持ちながら生きることって大事なんじゃないかな。

夢を実現させるには己を知れ！

自分を見つめて日々努力

自分の力量を見極めるというのは大切です。残念ながら、ほとんどの人が夢を抱いても、夢を実現できずに死んでいくのが現実です。

こうならないためには、自分の力量で限界まで努力した場合、どれだけのことが達成できるのかを、ある程度計算することも大切です。

小学校や中学校の文集であれば、「オリンピックで金メダルを取る」や「アメリカ大統領になる」などの文句が踊っているのは素晴らしいことです。まだこの時点では誰にも可能性があるわけだから、「でっかい夢を持てよ」と言うのは素晴らしいことです。

ただし、二〇代、三〇代と人生のステージが進んでくると、自分の適性というものが固まってきます。この自分の適性を知り、小学校のときの夢を修正しなければならないこともあるわけです。

絶対にできないことに向かっていくドン・キホーテ的な生き方もいいかもしれません。それも美しいけれど、ある程度己の力量を知り、自分を見つめて、達成できる目標に向かって日々努力する、というのも、ずるがしこいようですが、目標を実現するための一つの方法です。

そして、何かの目標を達成したら、余韻にひたってはいけません。大学受験生の中には大学に合格したら三年ぐらい余韻にひたっていて、就職活動期がやってきてやっとソワソワし始めるという人が少なくありません。

目標を達成しても、余韻にひたりすぎないように気をつけましょう。すぐに次の短期、中期、長期の目標を設定して動き始める癖を付けたいものです。

人には向き不向きがある

自分に何が一番向いているのかを、見極めないとダメだ。

オレはよく、「自分も吉野先生のような予備校講師になりたい」という相談を受ける。

そういうとき、そいつにどう見ても予備校講師の才能がなかったら、どんなにいいヤツであっても、オレはあえて言うね。

「オレはおまえと一生付き合っていきたいから言うけど、おまえには才能がないからこの仕事はムリだよ。おまえは予備校講師では金稼げないよ。だからって、おまえを全否定しているわけじゃない。人には向き不向きがあるから」

オレたちが頑張っても、イチローや中村俊輔になれるわけがない。それと同じだ。いったい、何が自分に向いているのかを考えることだ。向いていないことを仕事にしても、苦しいだけだ。とは言っても自分に合った仕事なんて、ほとんどないのよ。合わせて自分のものにするわけであって。

じゃぁ、逆に聞くけど、これしかない、この仕事しかないと思って職について、やっぱり向いていなかった、できなかったらどうする。そのときのショックは計り知れないよ。

オレはたまたま四年間、代ゼミでバイトしてきて、「これはいける」と思ったよ。でもそんなオレでも「向いていないかも」っていう時期はあった。

みんな「となりの芝生は青い」ように、合っているように見えるんだよ。

でも、みんな、その自分に合っていないと思う仕事に合わせて、たたかれて、めちゃくちゃ言われて、やめたいと思って、そうして自分のものにしたんだよ。

これだと思って成功したヤツの方が、もしかしたら気が付いていないだけで、苦労しているかもしれないぜ。

周りがどう評価しようが自分の基準でやる

他人からバカだと思われることを恐れるな

私の尊敬する先輩の樋口裕一先生が、『頭がいい人、悪い人の話し方』という本を出されました。ユーモアたっぷりに世の中の人々を風刺している大変素晴らしい本です。機会があればぜひ読んでみることをおすすめします。

このような本に従って自分の話し方を知的なものにしようとする努力は大切ですが、過度に自分の話し方が「頭が悪く」聞こえるのではないかと心配することは考えものです。

絶対に「頭が悪い人」と思われたくないのなら、結局、誰とも何も話さないのが一番いい。もしくは、世の中に何の影響も与えず、山にこもる知的隠遁者になるという結論にたどりついてしまいます。

周囲から「頭がいい人」と言われることは素晴らしいことかもしれません。でも、私には、誰からも「頭がいい」と思われている人は、どこか人間的ではない、他人に大きな影響を与えることができない、目立たない人であるような気がします。

バカは魅力的です。バカは時代を動かします。ガリレオ・ガリレイにしても坂本龍馬にしても、同時代の常識人からすると、とんでもないバカのように思えたはずです。

だから、私は将来社会に大きな影響を与えようと思っている皆さんには、「バカ」と思われることを恐れないでほしいのです。

日本人の弱点は、人が話していることの論評ばかりして、他人からどう思われているかを気にしすぎることです。他人の目ばっかり気にして、結局自分の意思を表現できない人が多いのです。

処方箋として「話し方の本」を読むのは良いことです。しかし、いくら話し方に気をつけたところで、自分の中にある中身以上の人間になれるわけではありません。

世の中にたくさんのハウツー本がありますが、それに縛られすぎず、オレはオレと割り切って正直に自分を出していくのも、周りにとって魅力的ではないでしょうか。

ヤルとなったら、中途半端なつっぱりではダメ

オレ自身、昔とどこが変わったのかと言われると、性格は全く変わっていないし、言っていることだって、そんなに変わっていない。

ただ、はっきりしているのは、暴走族や中古車屋をやっていたころの自分のカラを抜け出したことだ。

テレビや雑誌のインタビューで答えていることも、暴走族・中古車屋時代からしょっちゅう繰り返し言っていることと同じだ。ただ、周りの反応は全然違う。

マスコミや世間が「吉野とはこういう男だ」と作りあげているイメージに、ひょいひょい乗っかってしまうほど、オレはバカじゃない。周りがガヤガヤ騒ぐのは、あくまでもオマケみたいなものだ。

周りがどう評価しようが、評価が変わろうが、自分の基準でやっていくことの方が、ずっと大事なことじゃないかと、オレは思う。

オレはオレの基準で予備校の講師をやり、授業で勝負をしてきたし、トップを取り続けてきた。だれが何を言ったって、そんなことは全然気にしない。

イヤなものはイヤだ。やめてほしいことはやめてくれと、はっきり言う。約束を守らないヤツとは付き合わないしね。

周りというのは自分じゃないんだから、そんなに気にすることも、卑屈になることもない。周りの基準に自分を合わせて、そこから自分のやることを決めていくなんて生き方を、オレはしたくない。

たとえそれで何人敵を作ろうが、周りから叩かれようが、自分の基準を持っていれば、「そんなの関係ねえよ」と、自信を持ってつっぱれる。

ヤルとなったら、中途半端なつっぱりではダメだ。「世間が悪い」とか、「周りが理解してくれない」なんて、グチをこぼしても始まらない。「そもそも周りから理解されないようなことをオレはやっているんだ」くらいの気持ちを持たないと、つっぱりきれるものじゃない。

そのかわり、つっぱりきれたときには、デカいものが手に入っている。

世の中にはこんな面白い人たちもいる

できる人は貧乏性だ

勉強ができる人というのは「貧乏性」だ、というのも私の持論です。名前は伏せますが、私の悪友のYという元暴走族の講師は、夏期講習が終わった直後から、大好きなハワイに行くために成田へと向かいます。いくら疲れていても、飛行機の中で寝ればいいと言って、次の日ではなく必ず終わったその日に出発するようです。なぜかというと、時間が「もったいない」からです。

ダイヤだらけの数千万円の時計をしていても、クジラのようなベンツに乗っていても、時間には貧乏性なのです。ファーストクラスに乗ってもボーッとしているのがもったいないからと、せかせかと雑誌を読む。情報のないことが気持ち悪い、情報貧乏症なのです。勉強でも仕事でも、できる人間の行動にはムダがありません。

そのムダを気持ち悪いと思うのです。

はっきり言って、将来の成功を目指す血気盛んな若者に、今の「ゆとり」など必要ありません。時間や情報は少しでも有効活用すべく、貧乏性であることを良しとしましょう。「ゆとり」は老後で十分です。

安泰を求めず、競争を楽しむ

当たり前の話ですが、資本主義社会は競争社会です。ところが、今の日本の学校教育はまるで共産主義のように感じられることがあります。競争を長い間避け、競争社会の仕組みを知らない子供たちが突然、大学受験や就職戦線という競争に放り出されて、辛い思いをしています。

競争にさらされて生きて行くというのは、良かれ悪しかれ資本主義社会の現実です。できる人、できない人の差に関して言えるのは、できる人は競争を自分を磨く手段だと考え利用するということです。健全な競争があるところに自分を置く。それが普段の生活から癖になっている人でしょう。

安泰を求めるのではなく、競争を楽しむ、というのは、勉強や仕事ができる人の典型的思考パターンなのかもしれません。

私も予備校の業界に身を置いているので、他の先生方と競争することに慣れています。だから、仕事が一週間何もないと、何かやらなくちゃとウズウズしてきます。勉強や仕事ができるようになるためには、スポーツ同様に、競争の与えてくれる刺激をうまく利用することでしょう。

人に負けないものを何か一つ持て

勉強できなくても生きていけるかと聞かれたら、確かに生きていけるとオレは答える。マッキーという友だちがいるが、このマッキーがすごいのは、何と四〇年間生きてきて、一度も定職についたことがないことだ。これは才能だと思う。

この間もマッキーは事故を起こして、罰金八万円を払わなければならなくなった。普通はムショに入るのなんていやだから、八万円ぐらい払う。でも、マッキーは違う。罰金を払えない人が刑務所に入って働くと、一日に五千円くらいカネが出る。それを罰金に充てることができる。マッキーはそっちを選んだ。

「タバコは吸えないけど、食事は三食出るし、いいよなあ」

そんなことを軽々と言えるマッキー。ムショから出た後、大好きなタバコを吸っていなかった。だから、何でタバコをやめたのかと聞いてみると、マッキーはこう言った。

「だって、また入るかもしれないじゃん」

働かない男、マッキー。やっぱりオレは、それはそれで才能だと思う。

また、小樽にオレがよく行く『伊勢鮨』という寿司屋がある。オレはこの店が日本で一番うまいと思っている。代ゼミの先生たちやどんなに舌のうるさいヤツを連れて行っても、一番うまいと言う。

そこへある先生を連れて行ったときのことだ。

一流大学出の、いわゆる頭のいい人だ。そこの大将（タッチョ）と話が盛り上がった。どんな話題か忘れたが、その先生がタッチョに、「おまえ、バカだな、そんなの常識だよ」と言ったとき、タッチョがこう答えた。

「ああ、確かにおまえは一流大出で、オレは小樽水産高校卒でバカだよ。でもな、おまえに寿司握れるか？　うまい寿司を握って、こんなに店を繁盛させることができるか？　おまえにできなくてオレにできることは、たくさんあるんだ」

その先生は、何も言い返すことができなかった。

オレは、「何かこういうのいいな」と思った。人は何か一つでも負けないというものを持っていれば、いいんじゃないかと思う。オレたちはたまたま大学に入れることだけに命を賭けていたけれど、何も勉強できました、東大へ入りましたという人だけが、人生を素晴らしく生きられるわけじゃない。

大学なんか出てなくても、人生成功している人、そんな人オレの周りにたくさんいるよ。

「エ〜ッ？」って思うかもしれないが、オレの周りで成功している人には高卒が多い。

「チャンスだ」と思ったら挑戦して、めちゃくちゃ真剣にやればいい

生きていれば、どんな勝負にでも一回はチャンスは来る。それを自分のものにすることができるかどうかだ。勝つと得るものが多いけど、負けると失うものは計り知れない。

違う人生を生きたらまた、これまでとは違う面白い人たちとも付き合えるよ。

たとえば、今、うちの吉野塾で先生をしている教え子の熊木ってヤツなんか、東大工学部を卒業してからいったんは就職したけど、何年か働いてから今年、東京医科歯科大学医学部に入ったつわものだ。

また、これも吉野塾の先生だが、こいつも面白くて、未だに東大医学部にずっといる久保というヤツもいる。

「おまえ、そこにずっといて何やるの?」って聞いたら、「ピアノで食っていきたいんです」と言う。「とりあえずピアノをやってみて、それで食えなかったら、医学部に戻って医者になればいいじゃないですか」と。こいつはピアノが天才的にうまい。

こんなヤツらを一般の人なら「何で東大まで行ってもったいない」と思うかもしれないけど、本人はそれをそんなにもったいないとは思っていないんだよね。

オレなんかでも、「これだけ高給もらっていて、何で予備校講師辞めるんですか」と言われても、「チャンスだと思ったときに、やればいいのであってね。また、違う道で稼げばいいじゃん。今すぐ成功しなくていいじゃん」みたいな感覚なんだよね。

日本人は、常時、職を得て働かなくてはいけないと思っている。常に、何かをしていなければ、何となく罪悪感を覚える民族なんじゃないかな。そうじゃなくて、「これチャンスだ!」と思ったら挑戦して、また、めちゃくちゃ真剣にやればいいいだけであってね。

単に「早稲田に行っています」とか、「慶応を卒業しました」と自慢げに言うヤツがいる。オレは行けなかったから、えらそうなことは言えないけど、そんなヤツに魅力なんて全く感じない。「あっ、そう」って感じ。

オレの勝手な主観で悪いんだけど、「こいつの人生って、これで終わりなんだろうな」という人間とは付き合いたくないんだよ。もちろん、そいつが一〇年後に成功しているかもしれないけどね。

そんなヤツの人生論を聞いても、面白くないじゃない。

第7章

成功をつかむために

●「いつかやってみたい」と言うのはやらないのと同じこと

よく、「いつか自分は～をやってみたい」と夢を語る人がいます。夢を見るのは大事なことですが、自分の力量をわかった上で、夢を抱くということも重要です。

多くの人が、「いつか……」と夢を見て、それを実現できないまま死んでいきます。人間には一生のうちにできること、できないことがあります。できもしない夢を見つづけて生きるのは虚しいだけです。

私は大志を抱くな、と言っているのではありません。自分の人生の中でできる大志を抱き、その実現のための努力をする。できないようなことを言葉だけで「やってみたい」と言って、何にもしない人にはなってはいけないと言っているのです。「いつか……」と言うのは、「やらない」と言うことと同じことなのです。

●人との出会いで「やる気」を爆発させろ！

やる気のない学生がいきなりやる気のある学生に豹変する、といった大変身現象

安河内

があると言っても、ほとんどの人は信用してくれないと思います。しかし、私は今までに何度も人間が生まれ変わる瞬間を目撃しています。

人間を劇的に変えるのは「出会い」です。ある人間との出会いが、「やる気」のスイッチをオンにすることがあるのです。

予備校で○○先生に出会ったから○○大学に合格した、というような話をよく聞きますが、やはり人間という生き物に一番大きな影響を与えるのは人間なのです。

私自身も、英語の勉強、仕事を問わず、多くの出会いによって助けられてきました。

競争の激しい予備校の世界でストレスにさいなまれ、苦しい思いをしているときに、別の大手予備校で同じような悩みを抱えながらも必死で頑張っている、同い年の某講師と出会いました。その元暴走族のＹ講師との出会いがきっかけで、この業界で頑張っていこうという、やる気が再度爆発したのです。

不思議と、一生懸命努力していると良いタイミングで素敵な出会いがあります。一生懸命頑張っていれば、同じように一生懸命頑張っている人との出会いがあります。

皆さんの努力の先には、坂本龍馬と勝海舟の出会いのようなすごい出会いがあるかもしれません。

●人を潰すのは仲間からの雑音だ！

サザンオールスターズの桑田佳祐さんは、尊敬すべき存在だと思います。何十年もピークであるように見えて、ずっとそれが続いている。

さらにすごいと思うのは、自分でやりたい音楽をやりながら、大衆にうける音楽も、ちゃんとやっています。普通、売れるアーティストは一枚目のアルバムでいいのができて、二枚目に爆発的に売れて大衆をつかんだものの、三枚目に芸術性に走ってしまって大衆から見放され、ガクンと落ちていく場合が多い、と言われます。

大衆をつかむことが難しいという点では、予備校講師も同じことで、人気が上がって生徒から支持されると、他の講師から「あのセンセイは基礎しかできない」「あいつは本当の学問をわかってない」とか陰口を言われ、悔しくて、いいところを見せようと思って授業のレベルを上げてしまう。そこで一部の優等生からの支持は上がるものの、一般の生徒から見放されてしまうのです。

私の先輩の先生方も後輩の先生方も、皆同じ問題に遭遇しています。きっとこのような現象は予備校だけでなく、ありとあらゆる人間の集まりの中で繰り返されて

安河内

いることなのだと思います。

成功者が潰れていく一つの原因は、周りからの雑音に耳を貸しすぎることです。哀しい話ではありますが、人間というものは、仲間にズバ抜けた人が現れたら、その芽を摘むことに全力を注ぐという生物なのです。

勉強においても仕事においても、そこでたじろがず自分の信念を貫き通すことが重要です。

●フラフラしないで信念を貫き通せ

このような現象を人間の本性なのだと考えれば、周りからの陰口もさほど苦痛には感じません。日本では、誰もの意見を真摯に受け止めることが美徳とされますが、別に悪意に満ちた意見にまで耳を貸す必要はありません。意図的な鈍感を装えば良いのです。

例えば、何か陰口を言われたら、それは自分がうまくいっている証拠だと思って、ますます頑張ればいいのです。ここでたじろいだり信念を変えたりすると、相手の思うつぼです。

何人かのグループで励まし合って勉強しているとします。あるとき、その中の一人だけ成績がグングン上がったら、周りの人は意識的にしろ、無意識にしろ、その一人の芽を摘む行動に走る場合があります。

同じ土俵で勉強していて、誰かがずば抜けてできるようになると、口では「頑張ろう」と言いながらも、深層心理では、いかにして勉強をやめさせるかと必死で考えているような場合があります。残念なことですが、これは日本の文化なのです。みんな同じでなくてはいけないし、自分と同じところからずば抜けた人が出てはならないという、集団心理なのです。

だから「誰もの意見を聞く」ということが常に素晴らしいことだとは限りません。私もやはり昔、一部の生徒や先生からの辛辣な批判に対応して、授業のやり方を変えたことがありました。このことによって、生徒からは私の信念に疑いを持たれ、生徒数は激減しました。また、批判をした生徒までいなくなってしまいました。

どんな勉強や仕事にしても、微調整は常に必要ですが、大きな舵取りのところでフラフラせずに信念を貫き通したいものです。やはり乗っかる船には安定感が必要なのです。

安河内

●勉強には失敗が必要不可欠だ

講師という仕事は不思議なもので、もしも自分がエリートコースを突っ走ってきた人だったら、今のように若者たちを教えることはできなかったと思います。失敗や成功を何十回も繰り返しているので、できない人がどこで引っかかっているのかをある程度推測することができるのです。

このように、失敗体験ほど役に立つものはありません。挫折や失敗を恥ずかしいことだと考えてしまう人も多いですが、私は挫折したり失敗したりすることは貴重な「経験教育」だと思います。

野球選手でも大学教授でも、最初から一流になれた人などいるはずはありません。失敗を恐れずにチャレンジし、いくつもの失敗を修正し克服したからこそ、一流への階段を上ることができたのでしょう。

一流と三流の違いは、「失敗を恐れずに挑戦を続けるか」「失敗しないように無難にやるか」の選択から生まれるのではないでしょうか。

●英語は収入に直結する実用学問だ！

「英語」は他の科目に比べると、学ぶ目的がはっきりしています。なぜなら、現時点での世界共通語だからです。

日本人のコアの部分、古文や国語の勉強を一生懸命やることも大事ですが、ますますグローバル化する社会に対応するために、英語をマスターすることには大きな意味があります。

英語を母国語としないアジア地域でも、ビジネスの多くは英語で行われています。中国人と日本人とマレーシア人と韓国人がテーブルを囲んで会議をする場合の共通語は、当然英語になるのです。このように、英語を学べば、さまざまな国の人を相手に自分の能力を伝播させることができるというのが、よく語られる、英語を学ぶ意義です。

また、英語を勉強すると収入が上がる、つまり所得が増えることにも結び付きます。ある調査によると、同じ年齢で同じ学歴の人でも、ものすごく英語ができる人と全く英語ができない人とでは、生涯賃金に大きな差が出てくるということです。

安河内

このように、英語を勉強するとどのような良いことがあるのかを、勉強する際に定期的に思い出すのも、「やる気」を維持するための一つの方法です。

●英語を知ることは己を知ること

ただ、私が英語を学んで一番良かったのは、もう一つの言葉を学ぶことで、自国の文化を外から客観的に見られるようになったことです。

文化というものは、中にいるだけではよくわかりません。もう一つの言葉を学び、外から眺めることで、自分はこういう社会で生きているんだ、だからこういう人格ができたんだ、ということがわかってくるのです。

つまり、英語を学ぶと自分を外から客観的に見られるということです。また、日本という国を別の言葉で話すことで、日本で生まれて、日本文化の恩恵を受けたことがわかり、逆に日本人であることを意識します。日本を大切にしようという気持ちが芽生えるのです。

英語を勉強することが、アメリカとか西洋文化に媚びると思っている人は多いのかもしれませんが、自分の周りでは、英語を勉強すればするほど日本への愛着が増す人ばかりです。

学び始めるきっかけは、お金のためでも構いません。でも、英語を学ぶということの本質的なところはもっと深く、自分自身が属する文化ということを勉強するという目的も英語にはあると思います。

それは英語だけではないのです。どんな勉強でも、しっかりやると奥が深いものです。どんな科目でも、勉強する深い意義があるのです。

●「バカ」と言われるのは、むしろ褒め言葉だと思えばいい

勉強を確実に成功させるために必要なのは、「バカ」になれる能力です。世の中を見渡しても、ぶっちぎりで成功している人というのは、かつては周囲から「バカ」呼ばわりされていた人が多いことに気づきます。

今でこそ偉人だともてはやされる織田信長も、「うつけ者」とバカにされていましたし、近代化の礎を築いた坂本龍馬だって、江戸時代の常識からすると大バカ者と呼ばれていたに違いありません。

「バカ」と呼ばれる人はたしかに、一カ月スパン、一年スパンで見たら「バカ」か

安河内

もしれません。でも、長い目で見たら「頭がいい」と取り繕っている人に比べて、大きな仕事を成就させていることも多いのです。同時代の人から見て「バカ」でも、一〇〇年経ったら「偉人」になっているかもしれません。これは極端な例ですが、周りから「バカ」と言われるのは、むしろ褒め言葉だと思うぐらいでちょうどいい、ということです。

日本人というのは、周囲から「バカ」「頭が悪い」と言われることを異常に恐れるところがあります。そのことが極端にマイナスに働くのが英会話の習得です。

私は、日本人というのは世界で一番英語を「知っている民族」だと思います。高校生が、「連鎖関係代名詞」の構造を説明できるなどという国は、世界でも日本だけです。

しかし、なぜか英語を「話す」ことができない。もし、しゃべって文法が違っていたら、発音が間違っていたら、人から何を言われるかわからない。悪口を言われるくらいならしゃべらない、という心理が働くのです。バカと言われたくない。この考え方から脱却しないと、外国語の会話をマスターすることは決してできないのです。

特に、英会話を学ぶ皆さんは、文法や発音の間違いは、ノンネイティブとしての自分の魅力なんだと考えて、どんどん間違いながら直していけばよいのです。

そもそも日本語を母語とする私たちが、ネイティブスピーカーのようにしゃべれるはずがありません。英語を二〇年間こんなに勉強している私でも、話しているときにはたくさん間違うのだから気にすることはありません。

●悪口は宣伝である！

よく耳にする話として、例えばある学生が一位という優秀な成績を取って予備校内に張り出されたりすると、ネットの掲示板などでその生徒のことがボロクソに書かれたりするそうです。

おそらく、一位を取れずに悔しい思いをした他の生徒たちの悪意が、夜になると増幅し、そのようなカキコミになるのでしょう。

インターネット上の情報のくだらなさを知っている大人であれば、そのようなものに悩むことはないかもしれませんが、若者はまだインターネットの情報を取捨選択できないので、注意が必要です。思い余って手首を切ってしまったりという最悪の事態にもなりかねません。

そこで、もしもこのようなくだらない攻撃にあったときには、この言葉を思い出

安河内

してください。

There is nothing like bad press.

「悪い報道ほど宣伝になることはない」という意味です。

このインターネット時代、周囲から悪口を言われることを恐れていたら、何もできません。目立たない人畜無害な存在になるのか、面白いことをやって悪口を言われるのか。面白いことをしたいのなら、悪口を言われることさえも楽しめるくらいの図太さが必要です。

ただ、私の経験上、悪口を言った方が負けです。残念ながら、講師の中にも、生徒たちの前で直接的、間接的に、他の講師の悪口を言って自分を高めようとする人が稀にいます。

このようなネガティブキャンペーンは、能力のない人が一時的に勢いをつけるのには極めて効果的かもしれませんが、長期的に見ると、自滅へとつながります。

ネガティブキャンペーンに負けないことも、ネガティブキャンペーンの誘惑に駆られないことも、とても大切な心構えだと思います。

●ネット時代を生き抜く能力

『鈍感力』という本がブームとなっていますが、私もこれからの世の中では、意識的に鈍感になる能力が必要となってきていると思います。つまり、周囲を気にしない力です。

昔は他人の考えていることはわかりませんでした。昭和までは相手が自分のことをどう思っているかは、その人の表情や態度などから、そっと推し量るしかなかったのです。

ところが平成に入ってから、人の考えていることはわかるようになりました。インターネットです。情報網が発達し、誰でも情報を発信できる時代になったのです。考えていることはすべて伝わるのです。

「サトラレ」という日本映画に、自分の考えていることがすべて周りに伝わってしまうという変わった能力を持った主人公が出てくるのですが、まさしくそれと同じです。多くの人の考えていることがインターネット上で文字になる時代なのです。

そうなると、匿名性の高いインターネットでは当然ネガティブなものが現れます。

安河内

自分の正体がわからないのをいいことに、性格から身体の特徴にいたるまで、言いたい放題です。こういう誹謗中傷のようなことに過敏に反応していたら、精神的に耐えられるはずがありません。

かつては、たくさんの人の意見に耳を傾ける、というのは美徳でした。しかしインターネットが発達した今、インターネットの匿名情報などに耳を傾けていたらキリがありません。必ず精神障害をきたします。

私たち人前で仕事をする人間は、インターネット上では言いたい放題に書かれますが、世の中に何の影響も与えない人は何も書かれないわけですから、このような誹謗中傷もありがたい有名税のようなものです。

皆さんが将来、人前に出る仕事や、多くの人々と関わる仕事をするのなら、鈍感である力、見ない力、耳を塞ぐ力、無視する力を磨くことが大変重要です。これこそがインターネット時代を賢く生き抜く一つの重要な能力ではないでしょうか。

●どうせ学ぶなら勉強している人から学べ！

私が考える教師としての資質というのは、現在進行形で勉強しているということです。勉強していない教師や親が、子供に「勉強しろ！」と言うのは、子供からすれば納得できないことです。

よく成人式で若者が暴れるのを「けしからん」と、マスコミが報道していますが、大人の代表であるはずの政治家が国会で乱闘しているわけですから、模範を示していない我々に、彼らをどうこう言う資格などないはずです。

もし皆さんが、師事する先生を選ぶとするならば、私は、今も授業の一方で勉強を続けている先生を選ぶのが良いと思います。

やはり、過去の知識のストックで授業を繰り返している先生よりも、新しいことに挑戦し続けている先生の方が皆さんの気持ちがよくわかるはずです。

また、自分がやっている勉強から、様々な成功例や失敗例を授業の中で活用してくれるはずです。

「初心忘るべからず」と言いますが、例えば自分が英語ができるようになって何年も経つと、初学者の頃に持っていた気持ちを忘れてしまいます。

私自身も、「これくらいの単語すぐに覚えられるよ」と軽く言ってしまっていた時期もありましたが、自分で韓国語を勉強し始めて、いかに単語を覚えるのが大変だったかを思いだし、もっと真剣に単語の覚え方を教えなければ、と考え方を改めた経験

安河内

があります。

あとは、その先生が自分の教える学問を心から愛しているかどうかということが重要です。

多くの「講師」と呼ばれる人たちは、その科目を好きで好きでたまらない人たちですが、中には、純粋に仕事としてこなしている人もいるかもしれません。

どうせ勉強しなくちゃならないのなら、その教科が好きで、とことん命をかけて勉強しているような人に教えてもらい、その気迫に触れた方がやる気になります。

「出会い」は人間を変えることができます。そして、その出会いをプロデュースするのは自分自身なのです。

■夢を持つな。目標を持て

オレはよく生徒に言う。

「もし夢なんてかなわないと思うのだったら、『夢を持つな。目標を持て』」と。

夢を実現させたいのだったら、ヤルことはただ一つ。自分を買うのよ。自分を磨くのよ。

目の前に目標を持っていれば、ダラダラと毎日を生きることなどない。ダラダラ生きている証拠に、最近のヤツらは歩くのが信じられないほど遅い。オレは生徒たちとどこか電車で行くとき、駅で待ち合わせをすることにしている。

すぐ、電車に乗れるからだ。どこか違う場所で待ち合わせても、駅まで歩くのが遅いヤツとダラダラ歩くのがイヤだからだ。ダラダラやっている時間がもったいない。毎日を限りなく有効に使おうと一生懸命生きているヤツは、さっさと歩く。目標に向かって、時間を惜しむ。目標を持ったら、時をムダに使わない努力をすることだ。

オレは代ゼミを辞めたとき、周囲からよく言われた。

吉野

「吉野さんなら成功するよね」

この言葉ほど無責任なものはない。

奥さんは、代ゼミを辞めて欲しくないと言っていた。

ムリもない。予備校関係で一億円、五年連続で稼いだのはオレ以外にいない。あたりまえだけど、オレは古文というもので一番稼いだと思う。たかが入試の中の、一〇〇点満点のたった三〇点でしかない古文でだ。

でも、オレはそこにあぐらをかいちゃっている自分がイヤになった。何かこのまま、あと一〇年くらい行けてしまうんじゃないかと、安定志向に入った自分がイヤになった。安定しちゃうと本質が見えなくなってくる。

代ゼミでは、現時点で完全燃焼した。未練はない。

新しく作った吉野塾で挑戦したいという思いが、今は一番強い。だから、代ゼミや他の予備校の若い講師たちにも、「もし辞めるのならば、完全燃焼して辞めた方がいいよ」と、アドバイスしている。

人は頂点に立ったときは、もうすでに自分の中でその評価を客観的、批判的に眺めているぐらいでなければいけない。他人に認められ、ちやほやされているときはもう落ちる一歩手前なんだ。そのときに、「いやー、オレってすごいんだ」なんて言っているようじゃダメだね。オレは頂点に着いた時点で、もうそこに飽き、次の目標に向かって走りだしていた。成功をつかみ取りたいのなら、頂上に立ったら次の目標を目指せ。

■日本人特有の「ひがみ根性」を捨てろ

勉強できるヤツのことを、勉強できないヤツが悪口を言っているなんて話をよく聞く。アメリカ人はすごい人を見ると「すげえな、オレも頑張ろう」という考えになるけど、日本人の場合、すごい人、自分がかなわない人を見ると、「ひとりだけ汚いな」とか言って、足を引っ張ろうとする「ひがみ根性」みたいなところがある。

ひがみ、やっかみ、という言葉が示す通り、これは島国根性というか、日本人の一つの特徴なのだろう。もちろん、すべての人がそうだというわけではないが。

オレが予備校講師になったとき、同じ科目のすごく有名な講師がいた。オレがトップになるためには、何とかこの人を抜かないといけなかった。でも、オレはその人のすごさも素直に認めていたので、悪口なんて一度も言ったことがなかった。

悪口を言ったところで、自分がその人を抜けるわけはないからだ。でもオレはそ

吉野

の人を抜きたいと思った。どうすればその人を抜けるんだろうと二四時間考えたよ。マジに勉強したよ。オレ一番で史上最高得点で入っているんだよ。そのオレが、さらにマジに勉強したよ。もう、どこやればいいというぐらい。オレはこの仕事で希望の職に就いた以上、もうこれしかないのよ。これで食っていくしかない。せこい「ひがみ根性」など捨てて、すごい人間は素直にすごいと認めて、自分もそうなりたいと思うべきだ。大学に入っていかに勉強するかと同じように、予備校講師としてもいかに勉強するかなのよ。

■成功している人にはペテン師的なところがある

確かに世の中には頭がいい人はいる。たいして勉強していないのに東大理Ⅲ（医学部）に入ってしまうヤツとかがいるのは事実だ。オレの生徒でピアノが好きなヤツがいて、英単語を譜面に貼ってピアノひきながら覚えていたヤツがいた。そんな勉強法でもヤツは東大理Ⅲ（医学部）に入った。

でも、そんなヤツらをうらやましいと思っていたらダメだ。頭がいいヤツがいるのは、しょうがないわけだからさ。

でも、頭のいいヤツが必ずしも成功するわけでもない。

オレのことを慕ってくる東大理Ⅲのヤツらに、

「先生、尊敬しています」なんて言われると、オレは冗談でヤツらに言う。

「オレはたまたま成功しちゃったんだよね。だって、オレとおまえらと比べたら、おまえらの方がぜんぜん頭がいいし、オレなんか生まれ変わったって、東大理Ⅲどころか東大なんか絶対に受からないよ。だけど、もしオレに魅力があるとしたら、それはオレにはおまえらにはない、オレの何かを持っているからなんだよね」

世の中で、オレと同じくらい努力をしている人なんてたくさんいると思う。それなのにオレが成功したということは、なんか正直な話、オレのペテン師的な才能だと思う。一のことを一〇に見せる才能なんだ。これって、男にはないと絶対ダメな才能だ。

ただ、ここで勘違いして欲しくないのは、詐欺師ではないということだ。

詐欺師というのは、ダマされた方は被害者でダマした方は捕まる。

ペテン師は、ダマす方もダマされる方もハッピーだ。

会社の社長やセールスマンで成功しているヤツって、パフォーマンスなんかものすごいし、こういうペテン師的なところはかなりあるよ。

吉野

オレは若いヤツらに言う。

「三流の指導者は、自分の力を使う。二流の指導者は、人の力を使う。一流の指導者は、人の知恵を使う。だから、オレはおまえらの知恵をフルに使うよ」

何でも自分でやらないほうがいい。そして仕事はお互いのいいところを取ろうというのはダメ。「お前どう思う？」オレはこう思うんだけど」と言うとき、そいつの意見が良ければそれをすべて、オレは採用する。オレのいいところを付け加えることはしない。予備校講師という仕事だって、生徒という他人の力で成り立っている。つまり、他人の力で成功をなし得ているわけだ。

勉強や人生もこれと同じだ。何でもかんでも、自分だけでやってうまくいくわけがない。時には、人の力を使って自分を高めろ。それが一流ってもんだ。

■自分を信じなければ、成功なんかできるわけない

勉強でも人生でも、自分を信じる力がないと成功することはムリだ。

たとえば、オレは自分が書いたこの本について、「こんなくだらない本」と一番文句が言えるのは自分でなくてはいけないと思っている。

逆に一番守らないといけない、愛着を持たなくてはいけないのも、このオレ自身なんだよね。

自分を信じているからこそ、自分に文句を言うのだ。

オレは自分の授業を愛しているし、自信もあるが、オレの授業をやるのは自分自身しかいないんだから、自分を信じるということしかない。

予備校で授業をやっていても、今はいろんな生徒がいるので陰でいろいろ言われることもあった。または、バッシングを受けるときもあった。

「あの授業じゃ、実力がつかない」とか、わけのわからないことを言うヤツもいるよ。でも、そういう雑音に惑わされてブレてしまうと、結局、いい授業ができなくなる。生徒たちも離れて行ってしまう。

自分の信じた道を進まないとダメなんだよ。結果がすべての商売だから。

要するに、醤油ラーメン一本で勝負しているラーメン屋が、客から「ちょっと大将、味噌ないの？」と言われたからって、味噌ラーメンを出しちゃダメということだ。

とんこつでも、塩でもなく、だれにも負けない醤油ラーメンで勝負するから、客が入って行列ができる店になるんだ。

吉野

■職業は「下手の横好き」でなく「好きこそものの上手」で選べ

「下手の横好き」という諺がある。自分の専門外の趣味などで、あまりうまくもないのに一生懸命に打ち込むことだ。本来的に自分では得手ではないのに熱中する。自分の本質がわからず、うわっつらだけで好きだと思っている場合もこれに当てはまる。

たとえば、外国人と話していると何だかカッコいい。そこを他人に見せびらかしたいなんてバカな理由で英語を学ぼうとするのは、まず、「下手の横好き」だと言える。

言うまでもないが、こんなさもしい精神で、英語をマスターできるわけがない。

つまり、いつまで経っても「下手」から上達できないというわけだ。

人が生きていくうえで必要な職業はとくに、「下手の横好き」だとうまくいかない。社会に出ている人間ならば身に覚えもあるだろうが、カッコいいとか、見栄が張れるという理由で職業を選ぶと、必ず大失敗する。人の評価を気にし、人の目にどのように映るのかを気にして成功するほど、仕事というのは甘いものじゃない。

「好きこそものの上手なれ」という諺もある。好きなことに熱中してしゃにむに練習・鍛練するから上達が早いということだ。これは、勉強でも、スポーツでも、趣味でも、すべてに当てはまる。

仕事なんてものは他人に見せびらかすためのものではない。自分の人生の中で自分が関心を持てるものを自分で見つけ、それを職業とすればきっと成功するだろう。

■成功したいのなら「惨めな自分」から目をそらすな

「下手の横好き」で職業を選ぶヤツがいるように、今の若いヤツは他人の評価を気にしすぎる。要するに、自意識過剰なのだ。世の中が自分を中心に回っていると信じ込んでいるバカがあまりにも多い。だからちょっと無視されたり、挫折したりすると、途端に悲劇の主人公になってこんなことを言い始める。

「こんな惨めな自分は、本当の自分ではない。本当の自分はどこだ?」

その惨めな自分こそが本当のおまえだよ。

ところが、最近の若いヤツらは、この現実が認められないんだ。

だから、大人にちょっと注意されただけでも、この世の終わりのようにショック

吉野

を受け、過剰防衛に走ったりする。つまり逆ギレする子供たちは、この「惨めな自分」という現実を受け入れられないからだとオレは思う。

だから、何かのスイッチが入ると途端に凶暴化する。結局は自分自身と向き合うのを逃げてしまっているだけじゃないか。

現実を認めるのは勇気がいる。だれもおまえのことなんか気にしていないし、見ていないよ。そして「惨めな自分」から目をそらすな。成功したいのならまずはそこからだ。

■どんなヤツでも本気で向けられた言葉には耳を貸すよ

最近、成人式が問題になっている。式の途中、市長などの祝いの挨拶の途中に酒を飲んだ新成人たちが騒いだり、暴れたりするというやつだ。

オレからすれば、暴れるヤツらの気持ちもわからんでもない。

前にも話したが、オレは成人式に出ていない。

ニュースなどで新成人が暴れている姿がテレビに映し出されると、ヤツらが成人式自体をイヤがって反発していると思われがちだが、そうではない。

反発していたら出て来なければいい。現に、成人式には出ているじゃないか。

二〇歳といえば、もうバカじゃない。ヤツらは成人式がつまらないのではなく、成人式でおエライさんの話すことがつまらないから暴れているのだ。

政治家なんかが壇上に上がっておごそかに言う。

「キミたちは今日、成人になりました」

わかっているって、そんなの。と言うか、壇上でのヤツらが話すことなんて、ほとんどが自分の票稼ぎのつもりじゃないか。そんなの聞かされたら、暴れるって。

実はかく言うオレも、東京・中野区の成人式の祝辞を頼まれたことがある。

しかし残念ながら、一月は直前講習でスケジュールが合わず、代わりに自分なりに二〇歳のヤツらに向けて語りたいことをビデオメッセージにした。式当日、お決まりの政治家の祝辞に会場がヤジだらけになってから、オレのビデオが流れたそうだ。

「頑張るときには、徹底的に頑張れ。目に見えるものだけが財産じゃない。頑張ったことが財産に変わる」

ヤジはぴたりとやみ、会場はシーンと静まりかえったという。

オレなりに考えた、二〇歳のヤツらへ伝えたい熱いメッセージに耳を傾けてくれ

吉野

たのだ。

票稼ぎと顔売りのためのおざなりな挨拶ではなく、「自分が二〇歳のときこうだった。おまえらもこう生きてみろ」と熱く真剣に語れば、新成人だって黙って聞く。どんなヤツだって本気で自分に向けられた言葉にはきっと耳を貸すものなんだ。

■出る杭もズバ抜けて出れば打たれない

日本というのは本当にいい国だと思う。だが、そのいい国にも最近いろんな人間が現れてきた。村上ファンドの村上やライブドアの堀江だ。だが、みんな堀江を許せないと言うが、オレなんかは日興コーディアルの社長の罪はもっと重いと思っている。だって、あんなもん完全に犯罪行為じゃないか。

なぜ、堀江があそこまで叩かれ、もっと大きくて市場に悪影響を与えかねない日興コーディアル社長が叩かれなかったのか。これは思うに、やはり堀江が目立ちすぎたからではないのか。ライブドアの堀江といえば、フジテレビを買収しようとしたことで日本中の注目を集めた。日本はいい国だが、あまりにも目立っちゃうと叩かれるという風潮がある。

出る杭は打たれるというわけだ。だが、目立つ人間なら他にもいくらでもいる。なぜここまで堀江ばっかり攻撃されてしまったのか。テレビ局というマスコミ買収を図ったから？　生意気だから？

違う。彼はすべてが中途半端だった。だから世の中から叩かれたのだ。

堀江というと、一般的には「成功者」とか「時代の寵児」などと語られるが、思い返してみてほしい。プロ野球では近鉄を買収しようとして失敗。政治では自民党から立候補して失敗。そして、フジテレビ買収を目論んでやはり失敗。「成功者」どころか、実は何一つとしてものにしていないじゃないか。

ライブドアを成功させた、という意見もあるかもしれないが、結局それらの失敗の上に成り立った成功なので、厳密に言えばこれも成功じゃない。

日本中が堀江を叩いたのは、目立ったからということもあるが、中途半端だからだ。

出る杭ならば、もう周囲が何も言えないぐらい出なくちゃダメだ。出過ぎた杭は打てないんだから。そこまで出ればもうだれも叩けない。どうせ目立つならそこまで行け！

吉野

■中途半端はダメ。ヤルなら一流を目指せ

中途半端で思い出したが、オレはこの間フランスに行ってきた。泊まったのはセレブなどが利用する有名一流ホテルだった。

そんなにフランスに行きたいのかと聞かれたら、正直めちゃくちゃ行きたい国でもなかった。でも、どうせ行くなら、どこかわからないホテルには泊まりたくないので、世界のセレブたちが泊まっている一流ホテルに泊まろう、という考え方だ。

なぜならオレはその分稼いでいて、その分だけ働いているからだ。めちゃくちゃ働いて稼いだカネなのだから、めちゃくちゃ使うのが道理だろ。

そして、オレがもうひとつ一流ホテルに泊まる理由は、一流を知っておいて損がないからだ。そんなものは知らなくても、一生知らなくて済むと言われたら、確かにその通りだが、知っていれば何かと得はある。

たとえば、「一流を知っている」と、人が認めてくれるということはある。

オレも仕事柄、いろんな世界の人にも出会う。それこそ経営者や社会で成功した人たちだ。そこでたとえばフランスに行って来たという話題になったとき、どこに

泊まったのか、どこの店で何を食べたのかと聞かれ、だれもが知る一流ホテルや名店だと、この人はそれなりに頑張っている人間だと、わざわざ自分で言わなくとも、相手が認めてくれるということがある。

もちろん、いろんな考え方があるだろうが、時計なんかでも一〇万とかの時計をしているヤツは、なんか中途半端だと思う。オレからすれば、だったら二万の時計でも性能のいいのがたくさんあるんだから、そっちでいいじゃないのという考え方だ。

男なら、どうせするのなら、中途半端ではなく一流を目指したいだろう?

また、オレはうまい店に行って、うまいものを食うのが大好きだ。趣味でもある。だが、代ゼミがあるときは、ほとんど外に食いに行くことはなかった。ちっともうまくないからだ。授業が始まる前とか、明日も授業があるときにうまいものを食っても楽しめない。

翌日が休みのときや、夏期・冬期講習などが終わって一段落ついたときは、必ず、名店とか隠れ家とかいう店や、自分で発見した店に行く。

あと、稼いだカネを、オレは二月、三月、ハワイやイタリア、フランスなどに行ってバ〜ンと遣う。いいホテルに泊まって、うまいもの食って、うまい酒を飲む。めちゃくちゃ働いたから、めちゃくちゃ使う。使わないとまた入ってこないから。

吉野

■自分の頑張りだけがカネを生むんだよ

よくニュースなどで、「おいしい投資話にダマされてしまった」なんて事件を報道している。被害者たちが会社を訴えるといきまいているのを見るが、あれってどうなのかと思う。

だって冷静に考えたら、あんなもの、「いやあ、わたしはおいしい話にのっちゃったバカです」と、世間に公表しているようなもんじゃないか。

コツコツ働いたカネを盗まれたと言うならまだ同情もできるが、「一千万が半年後には一千五百万になります」なんてうまい話にのって預けて、パアになるなんて自業自得じゃないの？

一千万は一千万、だれに預けたって二倍になるわけがない。ただ、自分で頑張れば一千万は一億にもなる。自分で稼いだカネを元手にして、さらに自分に投資して頑張れば、カネは間違いなく増える。この方がはるかに確実だろう。オレが稼げたのは、だれかにカネを預けて、そのだれかの力で稼がせてもらったわけではない。

オレは、受験の四カ月間、また大学の四年間、さらに予備校の講師になってからも、古文をめちゃくちゃ勉強した。

カネは一万円も投資していないかもしれないが、努力を投資した。夢を投資した。そのときの投資が今になって返ってきているのだ。だれかをあてにしたり、うまい話でカネを稼ごうなんて思うな。

自分の頑張りだけが、カネを生むんだ。カネは使えばなくなるけど、ウデは使えば使うほどカネがたまる。

■ここまでやれた感謝の気持ちを形として残したいな

オレは、この本を出して印税が入ったら、寄付したいと思っている。

寄付すると言っても、寄付されたものが形でわかるものに寄付したい。何がどうなっているか全くわからないものには寄付したくない。仮に、テレビ一個でもいいし、それが自己満足できるものがいい。

そんな話をすると、必ず、生徒たちが「僕も寄付します」と言いやがるけど、「勘違いするなよ。おまえら、そんなことしなくてもいいだろうが」と言う。その気持ちは大事だけどね。おまえらが生活を切りつめてまでも寄付し

今日から始める
「やる気」勉強法

著　者　安河内哲也／吉野敬介
発行者　真船美保子
発行所　KKロングセラーズ
東京都新宿区高田馬場2-1-2　〒169-0075
電話（03）3204-5161㈹　振替 00120-7-145737
http://www.kklong.co.jp
印　刷　太陽印刷工業㈱
製　本　㈱難波製本

落丁・乱丁はお取り替えいたします。

ISBN978-4-8454-2108-4　C0070

Printed In Japan 2007

あとがき

皆さん、私たち二人の放言に最後までおつき合いいただき、ありがとうございました。勉強や仕事の「やる気」は出てきましたか?

私たちのハチャメチャな勉強法や生き方が、少しでも皆さんに元気とパワーを与えることができたならば嬉しい限りです。

しかし、本来、元気やパワーというものは、本を読んで得るものではないのかもしれません。きっと皆さんの周りには、気付かないだけで、面白い出会いや、面白い生き方の選択肢がゴロゴロと転がっているはずです。

勉強だって仕事だって、自分で面白いものを発見し、開拓してやろう! という気持ちがあれば、いくらだって面白くなるし、やる気も出てきます。

この「やる気塾」を卒業してくれた皆さんが、失敗を恐れずに様々なことに挑戦している姿を心に描きながら、ここで幕を閉じさせていただきたいと思います。

〈編集部より〉著者の意向により、本書の印税の一部を、経済的理由で勉強ができない学生のための基金に寄付させていただきます。

吉野

ても意味がないよ。その必要はないとオレは思う。

オレが寄付することによって、生活の水準を下げるというわけじゃないんだからね。

「オレはこれまでの生活を絶対に変えることがない。だから、おまえらもてっぺんを取ったときに寄付すればいいんじゃない？」

と言うことなんだ。寄付といっても、これまで頑張って来られたことへの、ちょっとした感謝の気持ちを、何かオレの自己満足という形で残したいだけなんだ。だから、おまえらも成功したとき、そんな気持ちになればいいんじゃないかな。

オレたちはおまえらを応援する！　ガンバレ‼